Erster Nachtrag

zur

Sammlung von Gesetzen, Verordnungen

und

Ministerialerlassen

für

bayerische Polizeiorgane.

Preis 60 Pfg.

München
J. Schweitzer Verlag (Jos. Eichbichler).
1898.

Erster Nachtrag
zur Sammlung von Gesetzen, Verordnungen und Ministerialerlassen
für bayerische Polizeiorgane.

Gebrauchsanweisung: In der oben angeführten Sammlung sind an nachbezeichneten Stellen folgende handschriftliche Zusätze zu machen:

1) S. V am Ende, S. 166 vor der Verordnung vom 27. Juni 1862, S. 366 vor dem Schlagwort „Bauwerke“ ist zu vermerken: „Bauunfälle, s. Nachtrag I, Nr. 1.“
2) S. VI vor lit. G Ziff. 4, S. 178 vor dem Gesetz vom 28. Mai 1852, S. 382 vor dem Schlagwort „Radschuh“ ist zu vermerken: „Radfahrverkehr, s. Nachtrag I, Nr. 2.“
3) S. VII vor lit. B Ziff 4, S. 213 am Ende, S. 379 bei dem Schlagwort „Margarinegesetz“ ist zu vermerken: „Ausführungsbestimmungen, s. Nachtrag I, Nr. 3 und 4.“
4) S. X vor lit. E, S. 354 am Ende, S. 374 bei dem Schlagwort „Gewerbebetrieb im Umherziehen“ ist zu vermerken: „Vollzugsanweisung, s. Nachtrag I, Nr. 5.“
5) S. 322 Zeile 10 sind die Ziffern „2 u. 3“ abzuändern in „3 u. 4“.
6) S. 332 ist nach Zeile 10 beizufügen: „§§ 126 bis 128 und die darauf bezüglichen Bestimmungen der §§ 144 a, 148 und 150 sind am 1. April 1898 in Kraft getreten.“
7) S. 342 ist bei dem Reichsgesetz vom 9. Juni 1897 am Rande zu vermerken: „Ausführungsbestimmungen: Reichs-Ges.-Bl. 1898 S. 39, Ges.- u. V.-Bl. 1898 S. 171“.

---

1. Entschließung des k. Staatsministeriums des Innern vom 20. Oktober 1897, Vollzug der Baukontrole betreffend.
(Min.-Amts-Bl. S. 489.)

Die mittelbaren Gemeindebehörden haben jeden Bauunfall, bei welchem es sich um Verletzung eines Menschen oder um gänzlichen oder theilweisen Einsturz eines Bauwerkes oder Gerüstes handelt, unverzüglich der vorgesetzten Distriktsverwaltungsbehörde anzuzeigen und dabei darzulegen, ob der Unfall durch Mängel der Bauführung bezw. durch Unterlassung von Sicherheitsmaßregeln verursacht worden ist.

2. Oberpolizeiliche Vorschriften über den Radfahrverkehr vom 1. Januar 1898. (Gef.= u. V.=Bl. S. 1.)

§ 1. Die für den Fuhrwerkverkehr auf öffentlichen Wegen, Straßen und Plätzen geltenden Bestimmungen finden auf den Radfahrverkehr insoweit sinngemäße Anwendung, als nicht in den folgenden Paragraphen andere Bestimmungen getroffen sind.

§ 2. Zum Radfahren dürfen nur die für Fuhrwerke bestimmten Wege, Straßen und Plätze benützt werden. Außerhalb der Ortschaften ist das Radfahren auf den Fußbänken der Straßen gestattet, insoweit hiedurch der Verkehr der Fußgänger nicht gestört wird; beim Einholen oder Entgegenkommen von Fußgängern hat der Radfahrer die Fußbank rechtzeitig zu verlassen.

Die Ortspolizeibehörden sind befugt, das Radfahren auch auf bestimmten Fußwegen zu gestatten.

§ 3. Die Distrikts= und Ortspolizeibehörden sind befugt, aus Rücksichten der Sicherheit und Bequemlichkeit des Verkehrs das Befahren bestimmter Wege, Straßen und Plätze und das Bergabfahren auf bestimmten Wegstrecken zeitweilig oder ganz zu untersagen.

An den Anfangs= und Endpunkten derjenigen Strecken von Staats= und Distriktsstraßen und von Gemeindeverbindungswegen, für welche Beschränkungen oder Verbote bezüglich des Radfahrverkehrs bestehen, sind deutlich lesbare, die Beschränkung oder das Verbot enthaltende Tafeln anzubringen.

§ 4. Jeder Radfahrer ist zur gehörigen Vorsicht bei der Leitung seines Fahrrades verpflichtet.

Uebermäßig schnelles Fahren, Umkreisen von Fuhrwerken, Menschen und Thieren, das Mitführen von Kindern auf dem Fahrrade und sonstige Handlungen, welche geeignet sind, Menschen oder Eigenthum zu gefährden, den Verkehr zu stören, Pferde oder andere Thiere scheu zu machen, sind verboten. Der Radfahrer ist verpflichtet, bei Beanstandungen durch Sicherheitsorgane auf Anruf sofort anzuhalten und abzusitzen.

§ 5. Innerhalb der Ortschaften, insbesondere beim Passiren von Brücken, Thoren, engen Straßen und starken Straßenkrümmungen, beim Bergabfahren, beim Einbiegen aus einer Straße in die andere, bei der Ausfahrt aus Häusern, Höfen und Grundstücken, die an öffentlichen Straßen liegen, bei der Einfahrt in solche und überall da, wo ein lebhafter Verkehr von Wagen, Reitern, Radfahrern oder Fußgängern stattfindet, muß langsam gefahren werden.

§ 6. Jedes Fahrrad muß während des Gebrauches mit einer sicher wirkenden Hemmvorrichtung und einer Signalglocke versehen sein.

Der Gebrauch von Signalpfeifen, Huppen und beständig tönenden Glocken (Schlittenschellen u. dgl.) ist untersagt.

§ 7. Vom Eintritt der Dunkelheit ab ist jedes Fahrrad während der Fahrt mit einer hell brennenden Laterne zu versehen. Ihr Licht muß nach vorne fallen; ihre Gläser dürfen nicht farbig sein.

§ 8. Der Radfahrer hat sich entgegenkommenden oder zu überholenden Menschen, insbesondere Führern von Fuhrwerken und Treibern von Vieh, mit der Glocke rechtzeitig bemerklich zu machen. Mit dem Glockensignal ist sofort aufzuhören, sobald dadurch Pferde oder andere Thiere unruhig oder scheu werden.

§ 9. Entgegenkommenden Fuhrwerken, Menschen (Reitern, Radfahrern), Viehtransporten u. s. w. hat der Radfahrer rechtzeitig und genügend nach rechts auszuweichen oder, falls dieß die Oertlichkeit oder sonstige Umstände nicht gestatten, solange anzuhalten oder abzusteigen, bis die Bahn frei ist. Um ihm dieß zu ermöglichen, haben erforderlichen Falles die Fuhrwerke, Menschen (Reiter u. s. w.) den entgegenkommenden Radfahrern nach der rechten Seite hin angemessen auszuweichen.

§ 10. Beim Ueberholen der Fuhrwerke, Reiter u. s. w. hat der Radfahrer links in beschleunigter Geschwindigkeit vorbeizufahren. Das zu überholende Fuhrwerk hat auf das gegebene Warnungszeichen (Glockensignal) erforderlichen Falles so weit nach rechts auszuweichen, daß der Radfahrer ohne Gefahr vorbeikommen kann.

An Ecken und Kreuzungspunkten von Straßen und Brücken, in Thoren, sowie überall, wo die Fahrbahn durch Fuhrwerke u. s. w. verengt ist, ist das Ueberholen verboten. Beim Ausweichen oder Ueberholen darf nicht mit größerer Geschwindigkeit gefahren werden, als der Zweck es erfordert.

§ 11. Bemerkt der Radfahrer, daß ein Pferd vor dem Fahrrade scheut, oder daß sonst durch das Vorbeifahren mit dem Fahrrade Menschen oder Thiere in Gefahr gebracht werden, so hat er langsam zu fahren oder erforderlichen Falles sofort abzusteigen.

Geschlossene Truppenkörper, Leichen- und andere öffentliche Aufzüge dürfen nicht durchbrochen noch sonstwie in ihrer Bewegung gehemmt werden. Im Dienste begriffenen Fuhrwerken der Königlichen Post und der Feuerwehr ist freie Fahrbahn zu geben.

Das Nebeneinanderfahren mehrerer Radfahrer ist nur insoweit gestattet, als dieß ohne Belästigung des übrigen Verkehrs geschehen kann.

§ 12. Jeder Radfahrer muß eine von der Ortspolizeibehörde seines Wohnortes oder, falls er einen Wohnort in Bayern nicht hat, seines Aufenthaltsortes ausgestellte, auf seinen Namen lautende Fahrkarte bei sich führen und auf Erfordern den Aufsichtsbeamten vorzeigen. Die einmal ausgestellte Fahrkarte gilt unabhängig von einem etwaigen Wohnorts- oder Aufenthaltswechsel für das ganze Königreich.

Personen, welche sich nicht im Besitze einer solchen Fahrkarte befinden, dürfen auf öffentlichen Wegen, Straßen und Plätzen nicht radfahren.

Personen, welche das vierzehnte Lebensjahr noch nicht vollendet haben, darf die Fahrkarte nur ausnahmsweise dann ertheilt werden, wenn ausreichende Sicherheit dafür besteht, daß von ihnen eine Gefährdung des öffentlichen Verkehrs nicht zu besorgen ist; Personen unter achtzehn Jahren darf die Fahrkarte nur mit Zustimmung des gesetzlichen Vertreters ertheilt werden.

Amtsbekannten Geisteskranken darf die Fahrkarte nur auf Grund ärztlichen Gutachtens und mit Zustimmung des etwaigen gesetzlichen Vertreters, sowie nur in jederzeit widerruflicher Weise ertheilt werden.

Für Radfahrer, die sich nur auf der Durchfahrt in Bayern befinden, genügt eine von ihrer Heimatbehörde ordnungsgemäß ausgestellte, auf ihren Namen lautende Fahrkarte oder sonstige amtliche Legitimation.

Für aktive Militärpersonen und Zöglinge der Militärbildungsanstalten wird die Fahrkarte von ihren Kommandostellen ausgefertigt.

Die Fahrkarte kann von der zur Ausstellung derselben jeweils zuständigen Behörde zeitweilig oder gänzlich entzogen werden, wenn der Radfahrer nach Ertheilung der Fahrkarte wegen vorsätzlicher oder fahrlässiger Tödtung oder Körperverletzung oder wegen Sachbeschädigung bestraft wurde, soferne diese Reate mit dem Radfahren im Zusammenhange stehen, ferner wenn er wegen Uebertretung der gegenwärtigen Vorschriften wiederholt gerichtlich bestraft worden ist.

§ 13. Die Ausstellung der Fahrkarte durch die Ortspolizeibehörde unterliegt der Gebühr nach Art. 165 Ziff. 2 lit. a beziehungsweise Art. 188 des Gebührengesetzes und § 2 der Allerhöchsten Verordnung vom 20. September 1879, die gebührenpflichtigen Angelegenheiten der einer Distriktspolizeibehörde untergeordneten Gemeindebehörden betreffend.

Für Personen, welche das Fahrrad ausschließlich im öffentlichen Dienste benutzen, wie Gendarmen, Schutzleute, Feuerwehrleute, Briefträger, Distriktstechniker, Straßenwärter u. s. w., erfolgt die Ausstellung der Fahrkarte gemäß Art. 3 Ziff. 1 des Gebührengesetzes gebührenfrei.

§ 14. In Gemeinden mit mehr als fünfzigtausend Einwohnern sind die Ortspolizeibehörden befugt, für die in ihrem

Bezirk wohnenden Radfahrer die Führung von Nummernschilden an den Fahrrädern vorzuschreiben, beziehungsweise die hierüber bestehenden Vorschriften zu belassen, wobei bezüglich der aktiven Militärpersonen und der Zöglinge der Militärbildungsanstalten besondere Ausnahmsbestimmungen im Benehmen mit der zuständigen militärischen Kommandostelle zu treffen sind.

Die Kosten des polizeilich verliehenen Nummernschildes sind von dem Inhaber des Fahrrades zu ersetzen.

In Gemeinden unter fünfzigtausend Einwohnern, in welchen zur Zeit die Führung von Nummernschilden an den Fahrrädern bereits vorgeschrieben ist, kann diese Einrichtung aufrecht erhalten werden.

§ 15. Zur Verwendung von Fahrrädern, welche durch Motoren betrieben werden, ist die besondere Genehmigung der Distriktspolizeibehörde des Wohnortes des Besitzers des Motorrades erforderlich.

Auf den Verkehr mit Motorrädern finden außer den Bestimmungen der gegenwärtigen Vorschriften die von der genannten Behörde festzusetzenden besonderen Bedingungen Anwendung.

§ 16. Uebertretungen der gegenwärtigen Vorschriften werden gemäß § 366 Nr. 10 des Reichsstrafgesetzbuches mit Geldstrafe bis zu sechzig Mark oder mit Haft bis zu vierzehn Tagen bestraft.

§ 17. Die gegenwärtigen Vorschriften treten am 1. März 1898 für den ganzen Umfang des Königreiches in Kraft. Mit dem gleichen Zeitpunkte werden — vorbehaltlich der in § 14 enthaltenen Bestimmungen über die Beibehaltung der Vorschriften bezüglich der Führung von Nummernschilden — die bestehenden Polizeivorschriften über den Radfahrverkehr auf öffentlichen Wegen, Straßen und Plätzen aufgehoben. Den k. Kreisregierungen, den Distrikts- und Ortspolizeibehörden bleibt es anheimgestellt, etwa veranlaßt erscheinende weitere polizeiliche Vorschriften über den Radfahrverkehr, welche den gegenwärtigen Bestimmungen nicht entgegenstehen dürfen, innerhalb ihrer Bezirke zu erlassen.

3. Bestimmungen des Bundesrathes vom 4. Juli 1897 zur Ausführung des Gesetzes über den Verkehr mit Butter, Käse, Schmalz und deren Ersatzmitteln. (Reichs-Ges.-Bl. S. 591.)

1. Um die Erkennbarkeit von Margarine und Margarinekäse, welche zu Handelszwecken bestimmt sind, zu erleichtern (§ 6 des Gesetzes, betreffend den Verkehr mit Butter, Käse, Schmalz und deren Ersatzmitteln, vom 15. Juni 1897), ist den bei der Fabrikation zur Verwendung kommenden Fetten und Oelen Sesamöl zuzusetzen. In 100 Gewichtstheilen der angewandten Fette und

Oele muß die Zusatzmenge bei Margarine mindestens 10 Gewichtstheile, bei Margarinekäse mindestens 5 Gewichtstheile Sesamöl betragen.

Der Zusatz des Sesamöls hat bei dem Vermischen der Fette vor der weiteren Fabrikation zu erfolgen.

2. Das nach Nr. 1 zuzusetzende Sesamöl muß folgende Reaktion zeigen:

Wird ein Gemisch von 0,5 Raumtheilen Sesamöl und 99,5 Raumtheilen Baumwollsamenöl oder Erdnußöl mit 100 Raumtheilen rauchender Salzsäure vom spezifischen Gewicht 1,19 und einigen Tropfen einer 2prozentigen alkoholischen Lösung von Furfurol geschüttelt, so muß die unter der Oelschicht sich absetzende Salzsäure eine deutliche Rothfärbung annehmen.

Das zu dieser Reaktion dienende Furfurol muß farblos sein.

3. Für die vorgeschriebene Bezeichnung der Gefäße und äußeren Umhüllungen, in welchen Margarine, Margarinekäse oder Kunstspeisefett gewerbsmäßig verkauft oder feilgehalten wird (§ 2 Absatz 1 des Gesetzes), sind die anliegenden Muster mit der Maßgabe zum Vorbilde zu nehmen, daß die Länge der die Inschrift umgebenden Einrahmung nicht mehr als das Siebenfache der Höhe, sowie nicht weniger als 30 Centimeter und nicht mehr als 50 Centimeter betragen darf. Bei runden oder länglich runden Gefäßen, deren Deckel einen größten Durchmesser von weniger als 35 Centimeter hat, darf die Länge der die Inschrift umgebenden Einrahmung bis auf 15 Centimeter ermäßigt werden.

4. Der bandförmige Streifen von rother Farbe in einer Breite von mindestens 2 Centimeter bei Gefäßen bis zu 35 Centimeter Höhe und in einer Breite von mindestens 5 Centimeter bei Gefäßen von größerer Höhe (§ 2 Absatz 1 des Gesetzes) ist parallel zur unteren Randfläche und mindestens 3 Centimeter von dem oberen Rande entfernt anzubringen. Der Streifen muß sich oberhalb der unter Nr. 3 bezeichneten Inschrift befinden und ohne Unterbrechung um das ganze Gefäß gezogen sein. Derselbe darf die Inschrift und deren Umrahmung nicht berühren und auf den das Gefäß umgebenden Reifen oder Leisten nicht angebracht sein.

5. Der Name oder die Firma des Fabrikanten, sowie die Fabrikmarke (§ 2 Abs. 2 des Gesetzes) sind unmittelbar über, unter oder neben der in Nr. 3 bezeichneten Inschrift anzubringen, ohne daß sie den in Nr. 4 erwähnten rothen Streifen berühren.

6. Die Anbringung der Inschriften und der Fabrikmarke (Nr. 3 und 5) erfolgt durch Einbrennen oder Aufmalen. Werden die Inschriften aufgemalt, so sind sie auf weißem oder hellgelbem Untergrunde mit schwarzer Farbe herzustellen. Die Anbringung des rothen Streifens (Nr. 4) geschieht durch Aufmalen.

7. Die Inschriften und die Fabrikmarke (Nr. 3 und 5) sind auf den Seitenwänden des Gefäßes an mindestens zwei sich gegenüberliegenden Stellen, falls das Gefäß einen Deckel hat, auch auf der oberen Seite des letzteren, bei Fässern auch auf beiden Böden anzubringen.

8. Für die Bezeichnung der würfelförmigen Stücke (§ 2 Absatz 4 des Gesetzes) sind ebenfalls die anliegenden Muster zum Vorbilde zu nehmen. Es findet jedoch eine Beschränkung hinsichtlich der Größe (Länge und Höhe) der Einrahmung nicht statt. Auch darf das Wort „Margarine" in zwei, das Wort „Margarinekäse" in drei unter einander zu setzende, durch Bindestriche zu verbindende Theile getrennt werden.

9. Auf die beim Einzelverkaufe von Margarine, Margarinekäse und Kunstspeisefett verwendeten Umhüllungen (§ 2 Absatz 3 des Gesetzes) findet die Bestimmung unter Nr 3 Satz 1 mit der Maßgabe Anwendung, daß die Länge der die Inschrift umgebenden Einrahmung nicht weniger als 15 Centimeter betragen darf. Der Name oder die Firma des Verkäufers ist unmittelbar über, unter oder neben der Inschrift anzubringen.

MARGARINE

MARGARINEKAESE

KUNST-SPEISEFETT

4. Entschliezung des k. Staatsministeriums des Innern vom 15. März 1898, Verkehr mit Butter, Käse, Schmalz und deren Ersatzmitteln betreffend. (Min.-Amts-Bl. S. 171.)

Die Verkaufsstätten für Butter oder Butterschmalz einerseits und für Margarine oder Kunstspeisefett andererseits müssen, falls diese Waaren nebeneinander in einem Geschäftsbetriebe feilgehalten werden, derart getrennt sein, daß ein unauffälliges Hinüber- und Herüberschaffen der Waare während des Geschäftsbetriebs verhindert und insbesondere die Möglichkeit, an Stelle von Butter oder Butterschmalz unbemerkt Magarine oder Kunstspeisefett dem kaufenden Publikum zu verabreichen, thunlichst ausgeschlossen wird. Die Entscheidung darüber, in welcher Weise diesen Anforderungen entsprochen wird, kann nur unter Berücksichtigung der besonderen Verhältnisse jedes Einzelfalles und namentlich der Beschaffenheit der dabei in Betracht kommenden Räume erfolgen. Doch werden im Allgemeinen folgende Grundsätze zur Richtschnur dienen können.

1. Es ist nicht erforderlich, daß die Räume je einen besonderen Zugang für das Publikum besitzen. Es ist vielmehr zulässig, daß ein gemeinschaftlicher Eingang für die verschiedenen Räume besteht.

2. Wenn auch die Scheidewände nicht aus feuerfestem Material hergestellt zu sein brauchen, so müssen sie immerhin einen so dichten Abschluß bilden, daß jeder unmittelbare Zusammenhang der Räume, soweit er nicht durch Durchgangsöffnungen hergestellt ist, ausgeschlossen wird. Als ausreichend sind beispielsweise zu betrachten abschließende Wände aus Brettern, Glas, Cement- oder Gypsplatten. Dagegen können Lattenverschläge, Vorhänge, weitmaschige Gitterwände, verstellbare Abschlußvorrichtungen nicht als genügend betrachtet werden. Bei offenen Verkaufsständen auf Märkten können jedoch auch Einrichtungen der letzteren Art geduldet werden. Die Scheidewände müssen in der Regel vom Fußboden bis zur Decke reichen und den Raum auch in seiner ganzen Breite oder Tiefe abschließen.

3. Die Verbindung zwischen den abgetrennten Räumen darf mittelst einer oder mehrerer Durchgangsöffnungen hergestellt sein. Derartige Oeffnungen sind in der Regel mit Thürverschluß zu versehen.

Die vorstehenden Grundsätze finden sinngemäße Anwendung auf die Räume zur Aufbewahrung und Verpackung der bezeichneten Waaren.

Nach den gleichen Gesichtspunkten ist die Trennung der Geschäftsräume für Käse und Margarinekäse zu beurtheilen.

5. Entschließung des k. Staatsministeriums des Innern vom 7. Februar 1898, Vollzug der Gewerbeordnung betreffend.

(Min.-Amts-Bl. S. 77.)

Durch das Reichsgesetz vom 6. August 1896, betreffend die Abänderung der Gewerbeordnung (Reichsgesetzblatt Seite 685 ff.) sind neben mehrfachen Aenderungen der Vorschriften für den stehenden Gewerbebetrieb die Bestimmungen über den Gewerbebetrieb im Umherziehen wesentlich verschärft worden.

Mit Rücksicht hierauf, sowie die sonstigen inzwischen erfolgten Aenderungen der einschlägigen Vorschriften hat das k. Staatsministerium des Innern Veranlassung genommen, die mit Entschließung vom 1. Juli 1890 (Amtsblatt des k. Staatsministeriums des Innern S. 263) erlassene Vollzugsanweisung einer Revision zu unterstellen, und wird die neue Anweisung nachstehend veröffentlicht.

Zum Vollzuge des vorerwähnten Reichsgesetzes wird Folgendes verfügt:

1. Bei der Ertheilung der Erlaubniß zum Betriebe des Gewerbes als Schauspielunternehmer haben die zuständigen Behörden künftig auf eine möglichst genaue Bezeichnung des Unternehmens Bedacht zu nehmen. Es kommen hiebei hauptsächlich in Betracht die Gattung der Vorstellungen (Schauspiel, Lustspiel, Oper 2c. 2c.), die Größe und Zusammensetzung der Truppe, bei stehenden Theatern außerdem die Ortslage und die Räumlichkeiten. Die Erlaubniß gilt nur für das bei der Ertheilung genau bezeichnete Unternehmen. Zum Betriebe eines anderen oder eines wesentlich veränderten Unternehmens bedarf es einer neuen Erlaubniß (Art. 2 Abs. 1 des Gesetzes).

2. Nach Art. 3 Abs. 1 des Gesetzes finden die Vorschriften des § 33 der Gewerbeordnung auf Vereine, welche den gemeinschaftlichen Einkauf von Lebens- und Wirthschaftsbedürfnissen im Großen und deren Absatz im Kleinen zum ausschließlichen oder hauptsächlichen Zweck haben, einschließlich der bereits bestehenden auch dann Anwendung, wenn der Betrieb auf den Kreis der Mitglieder beschränkt ist. Hienach bedürfen derartige Vereine zum Ausschänken geistiger Getränke oder zum Kleinhandel mit Branntwein oder Spiritus auch bei Beschränkung auf ihre Mitglieder der behördlichen Erlaubniß, für deren Versagung die Bestimmungen in Abs. 2 und 3 des § 33 der Gewerbeordnung maßgebend sind. Die desfallsigen Gesuche dieser Vereine, welche einen verantwortlichen Betriebsleiter aufzustellen haben, um die Ertheilung der Erlaubniß, sind nach den gleichen Grundsätzen zu würdigen, wie die Gesuche von Einzelpersonen, namentlich auch hinsichtlich der Bedürfnißfrage.

   Bezüglich der übrigen Vereine bleiben allenfallsige Anordnungen bei auftretendem Bedürfniß vorbehalten. Gegen Vereine, welche nur zur Umgehung der Bestimmungen über Wirthschaftsbetrieb oder Kleinhandel mit Branntwein und Spiritus gebildet werden, ist entsprechend vorzugehen.

3. a) In Art. 5 ist bestimmt, daß der Handel mit Droguen und chemischen Präparaten zu untersagen ist, wenn die Handhabung des Gewerbebetriebes Leben und Gesundheit von Menschen gefährdet.

b) Nach Art. 5 kann ferner der Kleinhandel mit Bier untersagt werden, wenn der Gewerbetreibende wiederholt wegen Zuwiderhandlungen gegen die Vorschriften des § 33 der Gewerbeordnung bestraft ist. Von dieser Befugniß haben die zuständigen Behörden mit aller Strenge Gebrauch zu machen.

4. Durch Art. 7 ist den höheren Verwaltungsbehörden die Möglichkeit geboten, den Hausirgewerbebetrieb der Einheimischen im Gemeindebezirke, abgesehen von den in Abs. 3 des § 42b der Gewerbeordnung bezeichneten Ausnahmen von einer Erlaubniß abhängig zu machen.

5. Von der durch Art. 8 den Ortspolizeibehörden eingeräumten Befugniß ist ein möglichst eingeschränkter Gebrauch zu machen, während das Feilbieten der in § 59 Ziff. 1 und 2 der Gewerbeordnung bezeichneten Gegenstände durch Kinder unter 14 Jahren in der Regel zu verbieten ist. (Art. 19 des Ges.) Ueber die nach Art. 8 ertheilten Bewilligungen haben die Ortspolizeibehörden Verzeichnisse zu führen, in welchen die Kinder, deren Eltern und der Grund der Bewilligung zu bezeichnen sind.

6. Durch die polizeilichen Organe ist strenge zu überwachen, daß die Vorschriften des Art. 9 über das Aufsuchen von Bestellungen auf Waaren genau beachtet werden (vgl. § 24 der Vollzugsanweisung).

7. Durch Art. 12 ist der Kreis der vom Ankauf oder Feilbieten im Umherziehen ausgeschlossenen Gegenstände erweitert worden (vgl. § 6 der Vollzugsanweisung). Es ist hierauf besonders hinzuweisen und die Beachtung des Verbotes genauestens überwachen zu lassen.

8. Von der durch Art. 15 zugelassenen Befugniß zur Gestattung von Ausnahmen ist von den Distriktsverwaltungsbehörden nur bei ganz besonderen Verhältnissen in vereinzelten Fällen Gebrauch zu machen.

Bei einem strengen und gewissenhaften Vollzuge der erheblich verschärften Bestimmungen über den Gewerbebetrieb im Umherziehen nach Maßgabe der vorstehenden Anordnungen und der nachfolgenden Instruktion ist zu erwarten, daß der Hausirhandel eine weitere Einschränkung im Interesse des ansässigen Kleingewerbe- und Kaufmannsstandes erfährt und die bei demselben zu Tage getretenen Mißstände thunlichst beseitigt werden.

Die Vollzugsorgane sind mit Weisungen im Sinne des § 33 der nachstehenden Instruktion zu versehen und zu fortgesetzter Ueberwachung und Kontrole des Gewerbebetriebes im Umherziehen anzuhalten.

Anweisung

zum Vollzuge der Bestimmungen über den Gewerbebetrieb im Umherziehen.

I. Der Gewerbebetrieb im Umherziehen im engeren Sinne.

§ 1.

Begriff.

Eines Wandergewerbescheins zum Gewerbebetrieb im Umherziehen bedarf, vorbehaltlich der in § 2 angeführten Ausnahmen, wer persönlich

1. Waaren feilbieten;

2. Waarenbestellungen aufsuchen oder Waaren bei anderen Personen als bei Kaufleuten oder an anderen Orten als in offenen Verkaufsstellen zum Wiederverkauf ankaufen;

3. gewerbliche Leistungen anbieten;

4. Musikaufführungen, Schaustellungen, theatralische Vorstellungen oder Lustbarkeiten, ohne daß ein höheres Interesse der Kunst dabei obwaltet, darbieten will, soferne der Betrieb ohne vorgängige Bestellung in einem Gemeindebezirke erfolgt, in welchem der Gewerbetreibende weder seinen Wohnort noch eine gewerbliche Niederlassung besitzt (§ 55 Gew.-O.).

Als „Gemeindebezirk des Wohnortes" gilt auch jene nächste Umgebung desselben, welche durch die höhere Verwaltungsbehörde (in Bayern nach § 1 der Allerh. Verordn. v. 29. März 1892, Ges.- u. Verordn.-Bl. S. 61 durch die k. Kreisregierung) dem Gemeindebezirke des Wohnortes gleichgestellt worden ist.

Seinen Wohnort im Sinne des Gesetzes hat Jemand nur in jenem Gemeindebezirke, in welchem er eine Wohnung unter Umständen inne hat, die auf die Absicht der dauernden Beibehaltung einer solchen schließen lassen.

Eine gewerbliche Niederlassung gilt nicht als vorhanden, wenn der Gewerbetreibende im Inlande ein zu dauerndem Gebrauche eingerichtetes, beständig oder doch in regelmäßiger Wiederkehr von ihm benutztes Lokal für den Betrieb seines Gewerbes nicht besitzt (§ 42 Abs. 2 Gew.=O.).

Eines Wandergewerbescheines bedarf daher auch, wer ein sogenanntes **Wanderlager** hält, d. h. außerhalb seines Wohnorts und außer dem Meß= und Marktverkehr vorübergehend von einer festen Verkaufsstätte (Laden, Magazin, Zimmer, Schiff und dergl.) aus Waaren zum Verkauf aus freier Hand feilbietet. Die Entscheidung darüber, ob ein feilgebotenes Waarenlager nach den oben angegebenen Merkmalen als Wanderlager zu betrachten ist, richtet sich nach den thatsächlichen Verhältnissen des Gewerbebetriebes und es ist für dieselbe der Umstand, daß der Betrieb nach § 14 der Gewerbeordnung als ein stehender angemeldet wurde, ebensowenig wie die vorübergehende Verlegung des Wohnsitzes in den Betriebsort maßgebend. Die sog. Saisongeschäfte in Badeorten zählen nicht zu den Wanderlagern, da die Inhaber derartiger Geschäfte am Badeorte ein in regelmäßiger Wiederkehr von ihnen benutztes Lokal zu besitzen pflegen.

§ 2.

Ausnahmen.

Die in § 1 Abs. 1 angegebene Regel erleidet folgende Ausnahmen, indem eines Wandergewerbescheines zum Gewerbebetrieb im Umherziehen nicht bedürfen:

1. diejenigen Gewerbetreibenden, auf deren Gewerbe gemäß § 6 der Gew.=O. entweder die Bestimmungen dieses Gesetzes überhaupt oder wenigstens die Bestimmungen des Titel III keine Anwendung finden;

2. Gewerbsleute und deren Reisende, welche Waaren aufkaufen und Waarenbestellungen aufsuchen, soferne sie die hiefür erforderliche Legitimationskarte (§ 44a Gew.=O.) besitzen und bezüglich des Aufsuchens von Waarenbestellungen, des Mitführens der Waaren, Muster und Proben sowie bezüglich der Aufkaufsstellen die einschlägigen Vorschriften beachten (siehe unten § 24);

3. diejenigen, welche ausschließlich im Meß= und Marktverkehr Waaren aufkaufen oder verkaufen oder Waarenbestellungen suchen (§ 64 Gew.=O.);

4. diejenigen, welchen polizeilich ein gewisser Bezirk für ihren Gewerbebetrieb zugewiesen ist, wie z. B. Kaminkehrer;

5. diejenigen, welche selbstgewonnene oder rohe Erzeugnisse der Land= und Forstwirthschaft, des Garten= und Obstbaues, der Geflügel= und Bienenzucht sowie selbstgewonnene Erzeugnisse der Jagd und Fischerei feilbieten (§ 59 Ziff. 1 Gew.=O.);

6. diejenigen, welche in der Umgegend ihres Wohnortes bis zu 15 Kilometer Entfernung von demselben selbstverfertigte Waaren,

welche zu den Gegenständen des Wochenmarktverkehrs (§ 66 Gew.-O.) gehören, feilbieten oder gewerbliche Leistungen, hinsichtlich deren dies Landesgebrauch ist, anbieten; z. B. Müller, Glaser und ähnliche Gewerbetreibende, welche von Zeit zu Zeit auch ohne vorgängige Bestellung innerhalb eines bestimmten Bezirkes ihre gewerblichen Leistungen anbieten (§ 59 Ziff. 2 Gew.-O.).

Das Feilbieten der in § 59 Ziff. 1 und 2 bezeichneten Gegenstände durch Kinder unter 14 Jahren kann von der Ortspolizeibehörde verboten werden (§ 60b Abs. 3 Gew.-O.);

7. jene, welche selbstgewonnene Erzeugnisse oder selbstverfertigte Waaren, hinsichtlich deren dies Landesgebrauch ist. zu Wasser anfahren und von dem Fahrzeuge aus feilbieten (§ 59 Ziff. 3 Gew.-O.);

8. diejenigen, welche bei öffentlichen Festen, Truppenzusammenziehungen oder anderen außergewöhnlichen Gelegenheiten mit Erlaubniß der Ortspolizeibehörde die von derselben zu bestimmenden Waaren feilbieten (§ 59 Ziff. 4 Gew.-O.).

Soferne durch das k. Staatsministerium innerhalb Bayerns der Gewerbebetrieb im Umherziehen mit weiteren Gegenständen des gemeinen Verbrauches ausdrücklich freigegeben wird, sind auch Gewerbetreibende mit solchen Gegenständen von der Lösung eines Wandergewerbescheines befreit (Gew.-O. § 59 Abs. 2).

Die unter Ziff. 3 erwähnte Ausnahmebestimmung des freien Marktverkehrs findet keine Anwendung auf Musikaufführungen, Schaustellungen, theatralische Vorstellungen und sonstige Lustbarkeiten (§ 55 Abs. 2 Gew.-O.); ferner tritt die Verpflichtung zur Lösung eines Wandergewerbescheines für diejenigen wieder ein, welche zwar ihre Waaren im Meß- und Marktverkehr absetzen, den Ankauf derselben jedoch im Umherziehen bethätigen (Urtheil des k. Oberlandesgerichts München v. 11. Nov. 1884, Amtsbl. d. k. St.-Min. d. J. 1885 S. 10).

Durch die Ausnahmebestimmung in Ziff. 3 bleiben ferner unberührt die Vorschriften über die auf Messen und Märkten zugelassenen Waaren (§ 66 Gew.-O.) sowie jene Vorschriften, wonach zu gewissen Märkten nur Einheimische zugelassen werden dürfen (§ 30 Abs. 4 der Vollz.-Verordn. v. 29. März 1892 — Ges. u. Verordn.-Bl. S. 61 ff.).

Zu Ziff. 5 wird bemerkt:

a) als rohe Erzeugnisse der Land- und Forstwirthschaft, des Garten- und Obstbaues sind zu betrachten inländische Bodenprodukte in ihrem natürlichen Zustande, d. h. wenn sie eine die herkömmlichen Grenzen der land- und forstwirthschaftlichen Thätigkeit überschreitende fabriks- oder handwerksmäßige Bearbeitung nicht erfahren haben; zu den rohen Erzeugnissen der Land- und Forstwirthschaft 2c. sind daher nicht zu rechnen: größeres oder auch kleineres Vieh, Eier, verzuckerte, eingemachte, geröstete oder sonst zubereitete Früchte, dann Südfrüchte, Butter, Schmalz, Mehl, Holzwaaren, aus selbstgewonnenen Tabaksblättern bereitete Cigarren ꝛc.;

b) nur das Feilbieten, nicht auch das Ankaufen der dort bezeichneten Waaren fällt unter diese Ausnahmebestimmung.

Für Ausländer gelten die vorstehend unter Ziff. 5—8 aufgeführten Ausnahmefälle nicht, vielmehr bedürfen diese zur Ausübung des Gewerbebetriebes im Umherziehen jederlei Art eines Wandergewerbscheines (Bundesrathsverordnung vom 27. November 1896 II lit. A Ziff. 1 Ges.- u. Verordn.-Bl. S. 646). Nur dann sind dieselben von der Pflicht zur Lösung eines Wandergewerbscheines befreit, wenn sie ausschließlich den Verkauf roher Erzeugnisse der Land- und Forstwirthschaft, des Garten- und Obstbaues, der Geflügel- und Bienenzucht im gewöhnlichen Grenzverkehr betreiben wollen, doch bedürfen sie in diesem Falle eines von der zuständigen Zollbehörde ausgestellten Legitimationsscheines für den Hausirhandel im Grenzbezirke. Vgl. Bundesrathsverordnung vom 27. November 1896 II A Ziff. 2; § 124 des Vereinszollgesetzes; Handelsvertrag mit Oesterreich-Ungarn vom 6. Dezember 1891, Art. 6 und Schlußprotokoll hiezu, R.-G.-Bl. S. 3; Handelsvertrag mit der Schweiz vom 10. Dezember 1891, Art. 4 und Beilage hiezu R.-G.-Bl. S. 195. Sogar dieser Gewerbebetrieb eines Ausländers im Grenzgebiet kann übrigens durch die Distriktsverwaltungsbehörden verboten werden, wenn eine der in §§ 57 Ziff. 1—4, 57a oder 57b Ziff. 2—4 der Gew.-O. bezeichneten Voraussetzungen vorliegt.

§ 3.

Zuständigkeit zur Ausstellung der Wandergewerbscheine.

Die Wandergewerbscheine werden, vorbehaltlich der in Abs. 2 zu erwähnenden Ausnahmen, sowohl für Inländer als auch für Ausländer von jener Distriktsverwaltungsbehörde ausgestellt, in deren Bezirk der Nachsuchende seinen Wohnort oder seinen Aufenthalt hat und zwar in München, soferne es sich um einen Gewerbetrieb im Umherziehen mit Preßerzeugnissen handelt, von der Polizeidirektion, in allen übrigen Fällen vom Magistrate. Uebrigens ist die Distriktsverwaltungsbehörde des Aufenthaltsortes nach freiem Ermessen berechtigt, den Nachsuchenden an die Behörde seines Wohnortes zu verweisen. Insbesondere für die in Karlsberg, Bezirksamts Frankenthal, beheimatheten Hausirer muß die Verweisung nach Karlsberg erfolgen bezw. die Distriktsverwaltungsbehörde hat, falls der in Karlsberg beheimathete Hausirer behauptet, daß er im rechtsrheinischen Bayern seinen Wohnsitz genommen habe, die Richtigkeit dieser Behauptung und die Zuverlässigkeit der gemeindlichen Zeugnisse aufs Strengste zu prüfen (Min.=Entschl. v. 21. Dezember 1888, Amts=Blatt d. k. St.=Min. d. J. S. 467). Das gleiche Verfahren ist zu beachten bezüglich der in der Gemeinde Neukirchen Bezirksamts Kötzting wohnhaften Hausirer (Min.=Entschl. v. 10. April 1896 — Amts=Blatt d. k. St.=M. d. J. S. 111).

Hat der Nachsuchende überhaupt in Bayern keinen Wohnsitz oder will derselbe im Umherziehen Musikaufführungen, Schaustellungen, theatralische Vorstellungen oder sonstige Lustbarkeiten, ohne daß ein höheres Interesse der Kunst dabei obwaltet, darbieten, so ist der Wandergewerbeschein von jener Distriktsverwaltungsbehörde auszustellen, in deren Bezirk der Gewerbetrieb begonnen werden will (in München, soferne es sich im ersteren Falle um das Hausiren mit Preßerzeugnissen handelt von der Polizeidirektion, in allen übrigen Fällen vom Magistrate).

In denjenigen Fällen, in welchen ein Wandergewerbeschein nur für den Bezirk der ausstellenden Behörde giltig ist (vgl. nachfolgenden § 4), also insbesondere bei allen Wandergewerbescheinen für Ausländer, erfolgt die Ausdehnung auf andere Bezirke durch die Distriktsverwaltungsbehörde jenes Bezirkes, für welchen die Ausdehnung nachgesucht wird.

Ueber das Verfahren bei Ausstellung von Wandergewerbescheinen an solche Personen, welche den Gewerbebetrieb im Umherziehen gar nicht in Bayern ausüben wollen, siehe unten § 17 Abs. 4 Ziff. 6.

§ 4.

Geltungsgebiet der Wanderscheine.

Der von der zuständigen Behörde unter Benützung des vorgeschriebenen Formulares (siehe unten § 17) ausgestellte Wandergewerbeschein gilt für das ganze Reich, folgende Fälle ausgenommen:

1. der Wandergewerbeschein für das Darbieten von Musikaufführungen, Schaustellungen, theatralischen Vorstellungen oder sonstigen Lustbarkeiten, bei welchen ein höheres Interesse der Kunst oder der Wissenschaft nicht obwaltet, gewährt die Befugniß zum Gewerbebetriebe nur in jenen Verwaltungsbezirken, für welche er von den Verwaltungsbehörden dieser Bezirke ausgestellt oder ausgedehnt ist und, soferne das Gewerbe an einem Orte von Haus zu Haus oder auf öffentlichen Wegen, Straßen, Plätzen oder an anderen öffentlichen Orten ausgeübt werden will, nur nach erlangter vorgängiger Erlaubniß der Ortspolizeibehörde (§ 60a der Gew.=O. und § 25 der Allerh. Verordn. v. 29. März 1892);

2. der einem Ausländer ertheilte Wandergewerbeschein berechtigt denselben nur zur Ausübung des Gewerbebetriebes in jenem Bezirke,

dessen Distriktsverwaltungsbehörde den Wandergewerbeschein ausgestellt oder ausgedehnt hat (Bundesrathsverordnung v. 27. November 1896 Abs. II lit. A Ziff. 6);

3. wer einen Wandergewerbeschein zum Feilbieten von Druckschriften, anderen Schriften oder Bildwerken besitzt, bedarf zur Ausübung dieses Gewerbes, abgesehen von dem Druckschriftenverzeichnisse (siehe unten § 20 Ziff. 11 lit. b), der Erlaubniß der Ortspolizeibehörde, soferne er seine Waaren auf öffentlichen Wegen, Straßen, Plätzen oder an anderen öffentlichen Orten ausrufen, verkaufen, vertheilen, anheften oder anschlagen will (§ 43 Gew.-O.);

4. sämmtliche Wandergewerbescheine sind bezüglich ihrer Wirksamkeit in Bayern insoferne beschränkt, als sie die Befugniß zum Hausiren nur nach vorgängiger Entrichtung der Landessteuern gewähren (§ 60 Gew.-O.). Ueber die Steuer für den Gewerbebetrieb im Umherziehen, ferner die „besondere Abgabe" sowie die Gebühren siehe unten §§ 10, 11 und 31;

5. Wandergewerbescheine zum Betrieb des Feilbietens geistiger Getränke, soferne solches Feilbieten wegen eines besonderen Bedürfnisses vorübergehend von der Ortspolizeibehörde gestattet wurde, haben nur für jenen Bezirk Giltigkeit, auf welchen dieselben von der ausstellenden Behörde beschränkt wurden (§ 56 Abs. 2 Ziff. 1 und § 60 Abs. 1 Gew.-O.);

6. Wandergewerbescheine zum Betriebe des Gaurittes haben nur für jenen Bezirk Giltigkeit, für welchen der Gauritt gestattet wurde (§§ 56 u. 58 Abs. 4 der Allerh. Verord. v. 8. Juni 1890, das Gestütswesen betr., Ges.- u. Verordn.-Bl. S. 425 ff.).

§ 5.

Geltungsdauer.

Der Wandergewerbeschein gilt für das Kalenderjahr, für welches er ausgestellt wurde, soferne nicht dessen Zurücknahme schon vor Ablauf des Kalenderjahres wieder verfügt wird.

Die Geltungsdauer ist jedoch in nachstehenden Fällen eine kürzere:

1. Der Wandergewerbeschein für das Darbieten von Musikaufführungen, Schaustellungen, theatralischen Vorstellungen oder sonstigen Lustbarkeiten, bei welchen ein höheres Interesse der Kunst oder Wissenschaft nicht obwaltet, kann für eine kürzere Zeit als das Kalenderjahr oder sogar nur für bestimmte Tage während des Kalenderjahres ausgestellt werden; derartige Wandergewerbescheine gelten darum nur dann für das Kalenderjahr, wenn dies ausdrücklich im Scheine bemerkt ist (§ 60 Abs. 2 Gew.-O.);

2. Wandergewerbescheine zur Ausübung des Gaurittes gelten nur für die Zeit vom 1. Februar bis 15. Juli des Kalenderjahres

(§ 58 Abs. 4 der Allerh. Verord. vom 8. Juni 1890, Ges.= u. Verordn.=Bl. S. 425);

3. Wandergewerbescheine für Ausländer können gleichfalls für eine kürzere Dauer als das Kalenderjahr oder für bestimmte Tage während des Kalenderjahres ausgestellt werden, gelten also nur dann auf die Dauer des Kalenderjahres, soferne nicht eine kürzere Giltigkeitsdauer im Scheine vorgemerkt ist (Bundesrathsverordnung vom 27. November 1896, Abs. II lit. A Ziff. 8);

4. auch der ausnahmsweise für das Feilbieten geistiger Getränke ertheilte Wandergewerbeschein kann zeitlich beschränkt werden und gilt nur für jene Zeitdauer, welche von der ausstellenden Behörde ausdrücklich in dem Wandergewerbeschein vorgemerkt wird (§ 56 Abs. 2 Ziff. 1 und § 60 Abs. 1 Gew.=O.).

Zu beachten ist, daß minderjährigen Personen im Wandergewerbeschein das Verbot der Gewerbeausübung nach Sonnenuntergang und minderjährigen Personen weiblichen Geschlechts das Verbot der Gewerbeausübung von Haus zu Haus auferlegt werden kann (§ 60b Gew.=O.).

Der Gewerbebetrieb im Umherziehen an Sonn= und Festtagen ist, soweit er unter § 55 Abs. 1 Ziff. 1 bis 3 der Gew.=O. fällt und zwar auch für die im § 42b der Gew.=O. bezeichneten Personen verboten (§ 55a Gew.=O.). Die nach Abs. 2 des § 55a der Gew.=O. zulässigen Ausnahmen sind nur unter ganz besonderen Verhältnissen zu gewähren (Min.=Entschl. v. 18. April 1892 Ziff. III, Min.=A.=Blatt S. 195).

Endlich ist zu beachten, daß eine zeitliche und räumliche Beschränkung der Wandergewerbescheine auch in solchen Fällen sich ergeben kann, wo durch ortspolizeiliche Vorschriften die Ausübung des Gewerbebetriebes aus bau=, feuer=, straßen=, gesundheits=, sitten= und preßpolizeilichen Rücksichten eine besondere Regelung gefunden hat. (Urtheil des k. Oberlandesgerichtes München vom 28. Dezember 1886, Amtsbl. d. k. St.=Min. d. J. Jahrg. 1887 S. 57).

Bezüglich der Fälle, in welchen der Wandergewerbeschein vor Ablauf des Kalenderjahres zurückgenommen werden kann, siehe unten § 22.

§ 6.

Verbotene Gegenstände.

Der Hausirer soll nicht günstiger behandelt werden, als derjenige, welcher ein stehendes Gewerbe betreibt; alle Beschränkungen, welche Letzterem hinsichtlich des Feilhaltens gewisser Waaren auferlegt sind, gelten also auch für das Feilbieten im Umherziehen (§ 56 Abs. 1 Gew.=O.).

Insbesondere aber sind ausgeschlossen

a) vom Ankauf sowohl sowie vom Feilbieten (§ 56 Abs. 2 Gew.=O.):

1. geistige Getränke, soweit nicht das Feilbieten derselben von der Ortspolizeibehörde im Falle besonderen Bedürfnisses vorübergehend gestattet ist;
2. gebrauchte Kleider, gebrauchte Wäsche, gebrauchte Betten und gebrauchte Bettstücke, insbesondere Bettfedern, Menschenhaare, Garnabfälle, Enden und Dräumen von Seide, Wolle, Leinen oder Baumwolle;
3. Gold= und Silberwaaren, Bruchgold und Bruchsilber, sowie Taschenuhren;
4. Spielkarten;
5. Staats= und sonstige Werthpapiere, Lotterieloose, Bezugs= und Antheilscheine auf Werthpapiere und Lotterieloose;
6. explosive Stoffe, insbesondere Feuerwerkskörper, Schießpulver und Dynamit;
7. solche mineralische und andere Oele, welche leicht entzündlich sind, insbesondere Petroleum, sowie Spiritus;
8. Stoß=, Hieb= und Schußwaffen;
9. Gifte und gifthaltige Waaren; Arznei= und Geheimmittel;
10. Bäume aller Art, Sträucher, Schnitt=, Wurzel=Reben, Futtermittel und Sämereien, mit Ausnahme von Gemüse und Blumensamen;
11. Schmucksachen, Bijouterien, Brillen und optische Instrumente.

b) vom Feilbieten und Aufsuchen von Bestellungen im Umherziehen:

Druckschriften, andere Schriften und Bildwerke, insoferne sie in sittlicher oder religiöser Beziehung Aergerniß zu geben geeignet sind oder mittels Zusicherung von Prämien oder Gewinnen vertrieben werden, oder in Lieferungen erscheinen, wenn nicht der Gesammtpreis auf jeder einzelnen Lieferung an einer in die Augen fallenden Stelle bestimmt verzeichnet ist.

Das Verbot des Gewerbebetriebes kann auf weitere Gegenstände durch Beschluß des Bundesraths, in dringenden Fällen durch Anordnung des Reichskanzlers ausgedehnt werden (§ 56b Abs. 2 Gew.=O.).

Die dem Verbote des Hausirens unterliegenden, vorstehend unter lit. a Ziff. 1—11 aufgeführten Gegenstände können ausnahmsweise durch den Bundesrath, soweit ein Bedürfniß obwaltet, zum Gewerbebetriebe im Umherziehen zugelassen werden. Den Landesregierungen steht die gleiche Befugniß für ihr Gebiet hinsichtlich der unter lit. a Ziff. 10 bezeichneten Gegenstände zu.

Das Feilbieten geistiger Getränke kann durch die Ortspolizeibehörden in vorübergehender Weise mit räumlicher und zeitlicher Be=

schränkung im Falle eines besonderen Bedürfnisses gestattet werden (§ 60 Abs. 1 Gew.=O.).

In beiden vorbezeichneten Fällen bedarf übrigens der Hausirer, wenn ausnahmsweise der hausirmäßige Vertrieb derartiger Gegenstände von der zuständigen Behörde erlaubt wurde, eines Wandergewerbescheines.

Bezüglich des Verkehrs mit Sprengstoffen wird auf das Reichsgesetz vom 9. Juni 1884 (Reichsgesetzbl. S. 61) verwiesen.

§ 7.

Verbotene Gewerbsarten.

Wandergewerbescheine dürfen nicht ertheilt werden zum Gewerbebetrieb im Umherziehen:

1. für die Ausübung der Heilkunde, insoweit der Ausübende für dieselbe nicht approbirt ist (§ 56a Ziff. 1 Gew.=O.);

2. für das Aufsuchen und die Vermittelung von Darlehensgeschäften und von Rückkaufsgeschäften ohne vorgängige Bestellung, ferner für das Aufsuchen von Bestellungen auf Staats= und sonstige Werthpapiere, Lotterieloose und Bezugs= und Antheilsscheine auf Werthpapiere und Lotterieloose (§ 56a Ziff. 2 Gew.=O.);

3. für das Aufsuchen von Bestellungen auf Branntwein und Spiritus bei Personen, in deren Gewerbebetriebe dieselben keine Verwendung finden (§ 56a Ziff. 3 Gew=O.);

4. für das Feilbieten von Waaren, sowie das Aufsuchen von Bestellungen auf Waaren, wenn solche gegen Theilzahlungen unter dem Vorbehalt veräußert werden, daß der Veräußerer wegen Nichterfüllung der dem Erwerber obliegenden Verpflichtungen von dem Vertrage zurücktreten kann (§§ 1 und 6 des Gesetzes über die Abzahlungsgeschäfte vom 16. Mai 1894).

5. für das Feilbieten von Waaren in der Art, daß dieselben versteigert (Wanderauktion) oder im Wege des Glücksspieles oder der Ausspielung (Lotterie) abgesetzt werden (§ 56c Abs. 1 Gew.=O.);

6. für das Umherziehen mit Zuchthengsten zur Deckung von Stuten (§ 56b Abs. 3 Gew.=O., § 55 Allerh. Verord. v. 8. Juni 1890, Ges.= u. Verordn.=Bl. S. 425).

Ausnahmen von dem Verbote können bewilligt werden

a) bei dem in Ziff. 5 bezeichneten Gewerbsbetriebe durch die nach Maßgabe der Allerh. Verord. vom 10. Juli 1867 (Rggs.=Bl. S. 810) zuständigen Behörden unter Beachtung der Min.=Entschl. v. 25. Juli 1878 (Amtsbl. des k. St.=Min. d. J. S. 263) und der Min.=Bekanntm. v. 9. Januar 1884 (Ges.= u. Verordn.=Bl. S. 34); bei Versteigerungen durch die Distrikts=

verwaltungsbehörden gemäß § 25 der Allerh. Verord. v. 29. März 1892, jedoch nur bei Waaren, welche dem raschen Verderben ausgesetzt sind (Art. 15 der Novelle vom 6. August 1896);

b) bei dem in Ziff. 6 bezeichneten Gewerbebetrieb von der Distriktspolizeibehörde des Wohnortes des Gewerbetreibenden nach vorgängiger Aeußerung des Körausschusses (§§ 57 u. 58 der Allerh. Verord. v. 8. Juni 1890).

§ 8.

Persönliche Versagungsgründe.

Für Inländer (Deutsche) gilt Folgendes:

I. Der Wandergewerbeschein muß versagt werden:

1. wenn der Nachsuchende mit einer abschreckenden oder ansteckenden Krankheit behaftet oder in einer abschreckenden Weise entstellt ist;

2. wenn er unter Polizeiaufsicht steht;

3. wenn er wegen strafbarer Handlungen aus Gewinnsucht, gegen das Eigenthum, gegen die Sittlichkeit, wegen vorsätzlicher Angriffe auf das Leben und die Gesundheit der Menschen, wegen Land- oder Hausfriedensbruchs, wegen Widerstands gegen die Staatsgewalt, wegen vorsätzlicher Brandstiftung, wegen Zuwiderhandlungen gegen Verbote oder Sicherungsmaßregeln, betreffend Einführung oder Verbreitung ansteckender Krankheiten oder Viehseuchen, zu einer Freiheitsstrafe von mindestens drei Monaten verurtheilt ist, und seit Verbüßung der Strafe drei Jahre noch nicht verflossen sind;

4. wenn er wegen gewohnheitsmäßiger Arbeitsscheu, Bettelei, Landstreicherei, Trunksucht übel berüchtigt ist;

5. in dem Falle des § 55 Ziffer 4 der Gew.-O., sobald der den Verhältnissen des Verwaltungsbezirks der zuständigen Verwaltungsbehörde entsprechenden Anzahl von Personen Wandergewerbescheine ertheilt oder ausgedehnt sind (§ 60 Absatz 2 Gew.O.).

Das Verbot der Ausstellung von Wandergewerbescheinen in diesen Fällen ist ein unbedingtes. Die Bedürfnißfrage bei den Gesuchen um Ausstellung eines Wandergewerbescheines für den in § 55 Ziffer 4 der Gew.-O. bezeichneten Gewerbebetrieb ist strengstens zu prüfen, um jegliche Belästigung durch allzuviele und allzuhäufige Produktionen hintanzuhalten.

II. Der Wandergewerbeschein ist in der Regel zu versagen:

1. wenn der Nachsuchende das fünfundzwanzigste Lebensjahr noch nicht vollendet hat, es sei denn, daß er der Ernährer einer Familie ist, und bereits 4 Jahre im Wandergewerbe thätig gewesen ist.

2. wenn er blind, taub oder stumm ist oder an Geistesschwäche leidet.

Von dieser Vorschrift unter 1 ist der ausgiebigste Gebrauch zu machen und außer dem in Art. 17 Abs. 2 der Novelle vom 6. August 1896 berührten Falle nur dann davon abzusehen, wenn der Nachsuchende volljährig ist, bereits früher einen Wandergewerbeschein besessen hat und seinen oder der Seinigen Unterhalt auf andere Weise nicht zu erwerben vermag.

Denjenigen Personen gegenüber, welche mit körperlichen Gebrechen behaftet sind, darf ein Wandergewerbeschein nur dann ertheilt werden, wenn die Behörde der wohlbegründeten Ueberzeugung ist, daß das körperliche oder geistige Gebrechen nicht lediglich zum Zwecke der Bettelei mißbraucht wird oder daß die Ausübung des Gewerbes für den blinden, tauben, stummen oder geistesbeschränkten Hausirer eine besondere Gefahr beim Verkehr auf öffentlichen Straßen, Wegen und Plätzen nicht mit sich bringen werde.

III. Nicht verpflichtet, wohl aber berechtigt sind die Distriktsverwaltungsbehörden, die Ausstellung des Wandergewerbescheines zu versagen:

1. wenn der Nachsuchende im Inlande einen festen Wohnsitz nicht hat;

2. wenn er wegen strafbarer Handlungen aus Gewinnsucht, gegen das Eigenthum, gegen die Sittlichkeit, wegen vorsätzlicher Angriffe auf das Leben und die Gesundheit der Menschen, wegen Hausfriedensbruchs, wegen Widerstands gegen die Staatsgewalt, wegen vorsätzlicher Brandstiftung, wegen Zuwiderhandlungen gegen Verbote oder Sicherungsmaßregeln, betreffend Einführung oder Verbreitung ansteckender Krankheiten oder Viehseuchen, zu einer Freiheitsstrafe von mindestens einer Woche verurtheilt ist, und seit der Verbüßung der Strafe fünf Jahre noch nicht verflossen sind;

3. wenn er wegen Verletzung der auf den Gewerbebetrieb im Umherziehen bezüglichen Vorschriften im Laufe der letzten drei Jahre wiederholt bestraft ist;

4. wenn er ein oder mehrere Kinder besitzt, für deren Unterhalt und, sofern sie im schulpflichtigen Alter stehen, für deren Unterricht nicht genügend gesorgt ist.

Auch in diesen Fällen ist mit besonderer Strenge zu verfahren und namentlich inländischen Zigeunern gegenüber von der Befugniß zur Versagung des Wandergewerbescheines ausgiebiger Gebrauch zu machen. (Min.-Entschl. v. 5. Oktober 1889, Amtsbl. des k. St.-Min. d. J. S. 289.)

Für umherziehende Schauspielergesellschaften darf der Wandergewerbeschein nur dann ausgestellt werden, wenn zuvor dem Unternehmer die nach § 32 der Gew.-O. erforderliche Erlaubniß seitens der

Distriktsverwaltungsbehörde (in München seitens der Polizeidirektion) für das genau bezeichnete Unternehmen ertheilt worden ist (§ 60d Abs. 4 Gew.=O.).

1. Jedem Antrage auf Ertheilung eines Wandergewerbescheines ist ein Zeugniß der Ortspolizeibehörde des Wohnsitzes, oder falls der Antragsteller einen festen Wohnsitz im Inland nicht hat, des Aufenthaltsorts beizufügen. Das Zeugniß ist nach einem Formular aufzustellen, welches sich auf die in der Anlage (Beilage I) aufgeführten Punkte erstreckt. Die zur Ertheilung der Wandergewerbescheine zuständigen Behörden haben auf die genaue Beantwortung dieser Fragen zu halten und die etwa nöthige Ergänzung erforderlichenfalls durch Benehmen mit der Strafregisterbehörde herbeizuführen.

Bei Personen, welche sich bereits im Besitz eines gültigen Wandergewerbescheins befinden, genügt in der Regel die Bescheinigung, daß seit der Ausstellung des letzten Scheins keine Veränderung in den Verhältnissen eingetreten, namentlich keine Bestrafung wegen Uebertretung der auf den Gewerbebetrieb im Umherziehen bezüglichen Vorschriften und keine Verurtheilung zu einer Freiheitsstrafe von mindestens einer Woche erfolgt ist.

2. Von der Bestimmung des § 57b Ziffer 4 der Gew.=O., wonach der Wandergewerbeschein versagt werden darf, wenn für den Unterhalt der Kinder des Wandergewerbetreibenden und den Schulunterricht seiner schulpflichtigen Kinder nicht genügend gesorgt ist, ist streng Gebrauch zu machen.

Die Erlaubniß zur Mitführung von Kindern unter vierzehn Jahren gemäß § 62 Absatz 5 der Gew.=O. ist, sofern es sich nicht um die eigenen Kinder oder Enkel handelt, nur in besonders dringenden Ausnahmefällen zu ertheilen.

Die Erlaubniß zur Mitführung schulpflichtiger Kinder ist gemäß § 62 Absatz 4 der Gew.=O. stets zu versagen, wenn der ausreichende Unterricht derselben nicht durch besondere Vorkehrungen gesichert ist; vor Ertheilung der Erlaubniß ist in der Regel eine Aeußerung der Schulaufsichtsbehörde einzuholen.

3. Wird die Erlaubniß zur Mitführung von Kindern unter vierzehn Jahren ertheilt, so ist auf den zu handschriftlichen Eintragungen freigelassenen Seiten des Wandergewerbescheines zu bemerken, daß die Mitführung nicht zu gewerblichen Zwecken erfolgen darf (§ 62 Absatz 3, § 148 Ziffer 7d Gew.=O.).

4. An der in Ziffer 3 bezeichneten Stelle sind etwaige Beschränkungen einzutragen, welche minderjährigen Personen hinsichtlich des Gewerbebetriebes auf Grund des § 60b Absatz 1 der Gew.=O. auferlegt sind.

5. Bei Beaufsichtigung des Gewerbebetriebes im Umherziehen ist u. a. darauf zu achten,

a) daß Kinder, für welche die ausdrückliche Erlaubniß zur Mitführung nicht unter genauer Bezeichnung in dem Wandergewerbeschein ausgesprochen ist, nicht mitgeführt werden;

b) daß eine Vernachlässigung der mitgeführten Kinder hinsichtlich des Unterhalts, der körperlichen und sittlichen Pflege und, soweit sie schulpflichtig sind, hinsichtlich des Unterrichts nicht stattfindet;

c) daß die Mitführung der im Wandergewerbeschein aufgeführten Kinder unter vierzehn Jahren nicht zum Zweck ihrer Verwendung im Gewerbebetriebe des Wandergewerbetreibenden, namentlich auch nicht zur Mitwirkung bei Vorstellungen umherziehender Künstler niederer Gattung, oder zu Schaustellungen als Naturmerkwürdigkeiten (Riesenkinder u. dgl.) erfolgt. Jede Verwendung zu gewerblichen Zwecken ist zu verhindern, soweit nicht besondere Gründe die Ueberzeugung ergeben, daß es sich im einzelnen Falle nur um eine einmalige gelegentliche, bei der Mitführung nicht bezweckte geringe Hülfeleistung handelt.

6. Wenn Wandergewerbetreibende zur Unterbringung der Familie Wagen oder Buden benutzen, so ist deren Zustand und Benutzung in gesundheits- und sittenpolizeilicher Beziehung zu überwachen.

7. Werden Zuwiderhandlungen gegen die Bestimmungen über die Mitführung von Kindern festgestellt, so hat die zuständige Behörde regelmäßig das Strafverfahren und, sofern die gesetzlichen Voraussetzungen vorliegen, die Zurücknahme des Wandergewerbescheins (§ 58 Gew.-O.) oder der Erlaubniß zur Mitführung der Kinder (§ 62 Absatz 4 und 5 daselbst) herbeizuführen.

Bei Verfolgung der Zuwiderhandlungen haben die Polizei- und Sicherheitsbeamten von ihrer Befugniß zur vorläufigen Festnahme innerhalb der gesetzlichen Grenzen (§§ 127, 113, 112 Nr. 2 und 3 der Strafprozeßordnung, Art. 102 des bayer. Ausführungsgesetzes hiezu) Gebrauch zu machen. Es ist zu beachten, daß die Fortsetzung der unbefugten Mitführung von Kindern nach erfolgter Bestrafung zum Gegenstand eines neuen Strafverfahrens gemacht werden kann.

8. Es sind Anordnungen zu treffen, daß von jeder rechtskräftigen Verurtheilung eines Wandergewerbetreibenden, welche für die Zurücknahme des Wandergewerbescheines gemäß § 58 der Gew.-O. von Belang ist, derjenigen Behörde, welche den Wandergewerbeschein ausgestellt hat, unter Angabe der Nummer des letzteren Mittheilung gemacht werde.

9. Wird der Wandergewerbeschein oder die Erlaubniß zur Mitführung von Kindern von einer anderen höheren Verwaltungsbehörde als derjenigen, welche den Schein ausgestellt oder die Erlaubniß ertheilt hat, zurückgenommen, so ist der letzteren ebenfalls Mittheilung zu machen.

§ 9.

Die in § 8 angeführten Versagungsgründe mit Ausnahme jenes des Mangels eines festen Wohnsitzes im Inlande (III, 1) gelten auch für den Fall, daß ein Ausländer um Ausstellung oder Ausdehnung eines Wandergewerbescheines nachsucht.

Außerdem muß aber Ausländern gegenüber der Wandergewerbeschein gemäß der Bundesrathsverordnung vom 27. November 1896 noch versagt werden:

1. wenn der Nachsuchende zu den Zigeunern gehört;

2. wenn der Nachsuchende das 25. Lebensjahr noch nicht überschritten hat oder durch seine Persönlichkeit zu erheblichen polizeilichen Bedenken Anlaß gibt;

3. wenn ein Bedürfniß zur Ausstellung von Wandergewerbescheinen für Ausübung des betreffenden Gewerbes, gleichviel welcher Art, im Bezirke der Behörde nicht besteht oder sobald für das Gewerbe, für welches der Schein nachgesucht wird, die den Verhältnissen des Verwaltungsbezirkes der Behörde entsprechende Anzahl von Wandergewerbescheinen bereits ertheilt oder ausgedehnt worden ist.

Die in Ziff. 2 bezeichnete Voraussetzung wird meist dann als gegeben zu erachten sein, wenn der Nachsuchende der deutschen Sprache gänzlich unkundig ist, oder wenn angenommen werden muß, daß sich derselbe ohne Inanspruchnahme fremder Unterstützung seinen Unterhalt nicht werde verschaffen können.

Topfbindern, Kesselflickern, Händlern mit Blech- und Drahtwaaren und ähnlichen Gegenständen, Drehorgelspielern und Dudelsackpfeifern darf ein Wandergewerbeschein nur dann ausgefertigt werden, wenn — vorausgesetzt, daß keine sonstigen Versagungsgründe vorliegen — der Nachsuchende bereits in dem nächst vorangegangenen Kalenderjahre einen Wandergewerbeschein für dasselbe Gewerbe erhalten hatte. (Bundesrathsverordnung v. 27. November 1896 Abs. II lit. A Ziff. 4 Abs. 2.) Durch diese Vorschrift ist bezweckt, neue ausländische Gewerbetreibende dieser Art überhaupt im Inlande nicht mehr zuzulassen. Diese Vorschrift wird neuerdings ausdrücklich in Erinnerung gebracht und deren strengster Vollzug angeordnet.

Die Ausdehnung des einem Ausländer ertheilten Wandergewerbescheines auf den Bezirk einer anderen Behörde ist zu versagen, wenn ein Bedürfniß zur Ausübung des betreffenden Gewerbes in dem Bezirk der Behörde überhaupt nicht besteht oder sobald für die den Verhältnissen des Bezirkes entsprechende Anzahl von Personen Wandergewerbescheine bereits ertheilt oder auf den betreffenden Bezirk ausgedehnt sind.

Ausländer, welche um einen Wandergewerbeschein nachsuchen, haben mit ihrem Gesuche vorzulegen:

1. einen Paß oder Heimatschein, dessen Giltigkeit noch nicht abgelaufen ist und aus welchem sich neben der Heimatangehörigkeit das Alter des Nachsuchenden ergibt;

2. ein durch die Gesandtschaft oder das Consulat beglaubigtes, nicht über 6 Monate altes Zeugniß ihrer Heimatbehörde darüber, daß gegen den Betreffenden nichts Nachtheiliges vorliegt. Ueber die Beglaubigung solcher Zeugnisse in Oesterreich-Ungarn siehe Min.-Entschl. v. 13. Januar 1882, Amtsbl. d. k. St.-Min. d. J. S. 10. Bei Ausländern, welche im Reichsgebiete ihren Wohnsitz haben und welche sich bereits im Besitze eines noch nicht abgelaufenen Wandergewerbescheines befinden, ist nach Maßgabe der Vorschriften in § 8 zu verfahren.

§ 10.

Steuern und Umlagen.

Den Behörden ist untersagt, einen Wandergewerbeschein zum Gewerbebetrieb im Umherziehen auszustellen oder auszudehnen oder mit einer Vormerkung über die Zahlung der besonderen Abgabe (siehe § 11 unten) zu versehen, solange nicht der um die Ausstellung bezw. Ausdehnung des Wandergewerbescheines Nachsuchende die nach den Bestimmungen des Gesetzes vom $\frac{\text{10. März 1879}}{\text{20. Dezember 1897}}$, die Besteuerung des Gewerbebetriebes im Umherziehen betr., von ihm zu entrichtende Steuer bezahlt hat. Die einschlägigen Ministerialbekanntmachungen vom 1. Februar 1882, 13. Dezember 1883, 8. Februar 1885 (Amtsbl. d. k. St.-Min. d. J. 1882 S. 74, 1883 S. 392, 1885 S. 57) bleiben aufrecht erhalten, wobei an Stelle des Gesetzes vom 10. März 1879 das abgeänderte in der Textirung vom 23. Dezember 1897 (Ges.- und Verordn.-Bl. S. 424 ff.) und an Stelle der Bundesrathsverordnung vom 31. Oktober 1883 jene vom 27. November 1896 zu treten hat.

Im Einzelnen wird Folgendes bemerkt:

Die örtliche Zuständigkeit der k. Rentämter zur Erhebung der Steuer vom Gewerbebetrieb im Umherziehen richtet sich nach der Ministerialbekanntmachung vom 1. Februar 1882.

Die Rentämter haben sich zur Ausfertigung des Besteuerungsnachweises der Wandergewerbescheinformulare zu bedienen, welche sie von den Distriktsverwaltungsbehörden in entsprechendem Vorrath gegen spätere Verrechnung beziehen (Min.-Bekanntm. v. 13. Dezember 1883, Amtsbl. d. k. St.-Min. d. J. S. 392).

Wird in den Fällen des Art. 2 lit. a und b des Wandergewerbesteuergesetzes die Ertheilung eines Wandergewerbescheines oder die Ausdehnung eines solchen auf Bayern von der zuständigen Verwaltungsbehörde für erforderlich erachtet, so hat letztere hievon dem Rentamte unter Bezeichnung des Reisenden und der Firma, für deren Rechnung der Betrieb erfolgt, Kenntniß zu geben und hiemit die Steueranlage und die Entrichtung der Steuer nebst Umlagen zu veranlassen (Min.-Bekanntmachung v. 23. Dezember 1897, Ges.- und Verordn.-Blatt S. 423).

Die mit dem Besteuerungsnachweise versehenen Formulare sind durch den Boten oder die Post — in keinem Falle durch den betheiligten Gewerbetreibenden selbst — an die Distriktspolizeibehörden zu übermitteln.

Ergibt sich bei Prüfung des Gesuches um Ausstellung des Wandergewerbescheines, daß der Wandergewerbeschein zu versagen ist, so hat die Distriktsverwaltungsbehörde das Formular an das Rentamt behufs Rückgabe der Steuer zurückzusenden. Die auf diese Weise unbrauchbar werdenden Formulare sind von dem Rentamte einstweilen aufzubewahren und gelegentlich der Abrechnung an die Distriktspolizeibehörde zurückzugeben, welche sie alsdann vernichtet (Ziff. 4 der Min.-Bekanntm. vom 13. Dezember 1883 Amtsbl. des k. St.-Min. d. J. S. 392).

Um übrigens das Vorkommen derartiger Rückerstattungen der beim Rentamte veranlagten Steuer vom Gewerbebetrieb im Umherziehen wegen distriktspolizeilicher Versagung des Wandergewerbescheines thunlichst zu vermindern, besteht kein Bedenken, wenn die Rentämter in Fällen, in welchen nach den obwaltenden Umständen hinsichtlich der Genehmigung, der Ausstellung oder Ausdehnung eines Wandergewerbescheines Zweifel sich ergeben, (z. B. bei Ausländern, bei Gewerbetreibenden der in § 55 Ziff. 4 der Gew.-O. bezeichneten Art) vor Ausfertigung des in den Wandergewerbeschein einzutragenden Besteuerungsnachweises sich mit der einschlägigen Distriktspolizeibehörde benehmen und deren Mittheilung darüber abwarten, ob im gegebenen Falle der Wandergewerbeschein ertheilt oder versagt werde.

Ehe die Behörden den Wandergewerbeschein ausstellen, haben sie solchen Personen gegenüber, welche in Bayern einen Wohnsitz nicht haben, nicht blos über die erfolgte Entrichtung der Staatssteuern, sondern auch über die vorherige Bezahlung der Kreisumlagen, welche ohnehin von den Rentämtern gleichzeitig mit der Staatssteuer percipirt werden, sowie der Distrikts- und Gemeindeumlagen sich Nachweis erbringen zu lassen.

Bei der Berechnung dieser Umlagen ist, wenn der Prozentsatz für das Jahr, für welches der Wandergewerbeschein gilt, noch nicht feststeht, der Prozentsatz des nächstvorhergegangenen Jahres zu Grunde zu legen.

Die Bescheinigung über die bezahlten Distrikts- und Gemeindeumlagen ist unmittelbar an die rentamtliche Steuerquittung im Wandergewerbescheine anzuschließen, zu welchem Zwecke der Besteuerungsnachweis behufs Erhebung der Umlagen durch einen Boten oder durch die Post an die hiezu berechtigte Gemeindebehörde zu senden ist.

Ausnahmsweise kann sich ergeben, daß für solche, welche ein Gewerbe im Umherziehen betreiben wollen,

1. zwar kein Wandergewerbeschein erforderlich ist, aber die Steuerpflicht besteht,

2. zwar keine Steuerpflicht besteht, wohl aber die Lösung eines Wandergewerbescheines vorgeschrieben ist.

Vgl. über diese Ausnahmsfälle Ziff. 11 der Min.-Bekanntm. vom 8. Februar 1885 (Amtsbl. d. k. St.-Min. d. J. S. 57 ff.).

In den unter 2 genannten Fällen ist seitens des Rentamts der dem Wandergewerbeschein beigedruckten Bescheinigung über die Entrichtung der Landessteuern ein Vermerk etwa folgenden Inhalts beizufügen:

„Steuerfrei nach dem Gesetze vom $\frac{\text{10. März 1879}}{\text{20. Dezember 1897}}$"

und eventuell ist beizusetzen:

„zur Gewerbesteuer nach dem Gesetze vom 19. Mai 1881 veranlagt nach Tar.-Nr. . . . mit

Normalanlage . . . . . ℳ . . . ₰

Betriebsanlage . . . . . ℳ . . . ₰

insgesammt . . . . . ℳ . . . ₰."

Für die unter 1 genannten Fälle, in welchen eine Thätigkeit der Distriktsverwaltungsbehörden nicht eintritt, ist hinsichtlich der Erhebung der Staatssteuern, Distrikts- und Gemeindeumlagen das weitere Verfahren geregelt durch § 4 der Ministerial-Bekanntmachung vom 1. Februar 1882 und § 11 der Ministerial-Bekanntmachung vom 8. Februar 1885 (Amtsbl. d. k. St.-Min. d. J. 1882 Seite 74 und 1885 Seite 57).

Die Bestimmungen über Besteuerungsnachweise bei Ausstellung von sog. Kollektiv-Wandergewerbescheinen (siehe unten § 18), von einzelnen Wandergewerbescheinen für jedes Mitglied einer Gesellschaft sowie für den Fall der Ausdehnung eines von einer nichtbayerischen Behörde ausgestellten Wandergewerbescheines für einen Bezirk innerhalb Bayerns, sind enthalten in Ziff. 5 und 6 der Min.-Bekanntm. vom 13. Dezember 1883 (Amtsbl. d. k. St.-Min. d. J. S. 394) und bleiben gleichfalls aufrecht erhalten.

Die vorherige Beibringung eines Besteuerungsnachweises ist nicht erforderlich, wenn der Wandergewerbeschein nachgesucht wird für den Betrieb des Musikergewerbes oder für das Feilbieten von nicht selbstgefertigten Verzehrungsgegenständen des Wochenmarktverkehrs, soferne diese Gewerbe in nicht größerer Entfernung als 15 Kilometer vom Wohnorte des Gewerbebetreibenden betrieben werden wollen (Ziff. 6

der Min.-Entschl. vom 8. Februar 1885, Amtsbl. d. k. St.-Min. d. J. S. 57).

Die Besteuerung der Ausländer, welche ein Gewerbe im Umherziehen betreiben wollen, geschieht nach den bisher geltenden Bestimmungen (Art. 3 des Ges. $\frac{\text{10. März 1879}}{\text{20. Dezember 1897}}$; § 6 der Vollzugsbekanntmachung v. 16. März 1879 und Ziff. 7 der Min.-Bekanntm. v. 8. Februar 1885 Amtsbl. d. k. St.-Min. d. Innern S. 57).

§ 11.

Besondere Abgaben.

Personen, welche in Bayern einen Gewerbebetrieb im Umherziehen beabsichtigen, wozu nach dem oben in §§ 1 und 2 Erörterten ein Wandergewerbeschein erforderlich ist, haben hiefür außer der nach dem Gesetze vom $\frac{\text{10. März 1879}}{\text{20. Dezember 1897}}$ sie treffenden Steuer nebst Umlagen eine besondere Abgabe zu entrichten (Art. 23 Abs. 1 des Gewerbsgesetzes vom 30. Januar 1868, Art. 26 des Gesetzes vom 10. März 1879, § 26 der Vollzugsvorschriften zur Gew.-O. v. 29. März 1892.

Von dieser besonderen Abgabe ist jedoch befreit

1. die Verrichtung gewerblicher Arbeiten und das Aufsuchen von Arbeitsbestellungen,
2. der Aufkauf von Waaren,
3. das Feilbieten künstlerischer Leistungen und Schaustellungen, auch wenn hiebei ein höheres wissenschaftliches und Kunstinteresse nicht obwaltet.

Soferne keine Verpflichtung besteht, für den Wandergewerbebetrieb in gewissen Bezirken und mit bestimmten Waaren einen Wandergewerbeschein zu lösen, entfällt damit auch die Pflicht zur Entrichtung der besonderen Abgabe.

Die besondere Abgabe beträgt (Verordn. vom 29. März 1892, Ges.- u. Verordn.-Bl. S. 61), wenn der Gewerbebetrieb erstreckt werden soll

a) auf eine Gemeinde fünf Mark,
b) auf mehrere Gemeinden oder einen Verwaltungsbezirk zwölf Mark,
c) auf mehrere Verwaltungsbezirke oder einen Regierungsbezirk zwanzig Mark,
d) auf zwei Regierungsbezirke dreißig Mark,
e) auf drei Regierungsbezirke sechsunddreißig Mark,
f) auf vier Regierungsbezirke zweiundvierzig Mark,
g) auf fünf Regierungsbezirke achtundvierzig Mark,
h) auf sechs Regierungsbezirke vierundfünfzig Mark,
i) auf sieben Regierungsbezirke sechzig Mark,
k) auf das ganze Königreich vierundsechzig Mark.

Die besondere Abgabe hat zur Erhebung zu gelangen ohne Rücksicht darauf, ob der Gewerbebetrieb nur auf einen Theil des Gebiets der in Betracht kommenden Verwaltungs- bezw. Regierungsbezirke erstreckt werden soll.

§ 12.

Für die Bewohner einzelner Orte und Bezirke sowie für gewisse Gegenstände ist von dem k. Staatsministerium des Innern auf Grund der in § 26 Abs. 2 der Allerhöchsten Verordnung vom 29. März 1892 ertheilten Ermächtigung die Begünstigung einer ermäßigten Abgabe bewilligt worden. Jedoch sind nur jene Ermäßigungen giltig, welche seit 1. Januar 1873 neu bewilligt worden und nicht bereits wieder abgelaufen sind. Insoweit Nichtbayern für den Handel mit gewissen inländischen Produkten eine solche Begünstigung zugestanden worden ist, hat es hiebei auch fernerhin sein Verbleiben.

Das k. Staatsministerium des Innern wird die Begünstigung einer ermäßigten Abgabe auch in Zukunft nur dann ertheilen, wenn die sorgfältigste, die Verhältnisse jedes einzelnen in Betracht kommenden Ortes oder Bezirks gesondert behandelnde Instruktion solches ausnahmsweise rechtfertigt. In den von den Kreisregierungen, Kammern des Innern, nach Einvernahme der Handels- und Gewerbekammer zu erstattenden Gutachten sind folgende Fragen besonders zu berücksichtigen:

1. wie groß die Zahl der Einwohner der einzelnen Gemeinden ist und wie viele von denselben voraussichtlich durch den Hausirhandel ihren Erwerb suchen werden;

2. ob der betreffende Hausirhandel bisher einträglich war oder nicht;

3. ob die betreffenden Personen in der Lage wären, sich und ihrer Familie anderweitig ihren Lebensunterhalt zu verdienen;

4. ob die nachgesuchte Begünstigung im Interesse der Förderung eines lokalen Industriezweiges wünschenswerth erscheint;

5. wie hoch sich das Gesammt-Steuersoll und die Umlagen-Prozente in der betreffenden Gemeinde belaufen;

6. ob den betreffenden Gewerbetreibenden bereits eine Ermäßigung der Steuer nach Art. 5 Abs. 2 des Gesetzes vom $\frac{\text{10. März 1879}}{\text{20. Dezember 1897}}$ zugestanden ist;

7. welchen Einfluß eine etwa bisher schon bewilligt gewesene Abgaben- oder Steuer-Ermäßigung auf die wirthschaftlichen und sittlichen Verhältnisse des Ortes gehabt hat;

8. für welche Orte oder Regierungsbezirke, für welche Zeitdauer und in welchem Maße die Begünstigung gewährt und ob sie etwa bloß Personen, die ein bestimmtes Alter überschritten haben, zugestanden werden soll.

Einzelnen Personen wird von Seite des k. Staatsministeriums des Innern die besondere Abgabe grundsätzlich nicht nachgelassen und ebensowenig ist es den Distriktspolizeibehörden gestattet, in einzelnen Fällen Nachlässe zu bewilligen. Jedoch kann, wenn wegen unvorhergesehener, von dem Willen des Inhabers des Wandergewerbescheins unabhängiger Ereignisse der Beginn oder die Fortsetzung des Gewerbebetriebs unterblieben bezw. unterbrochen worden ist, bei dem k. Staatsministerium des Innern die vollständige oder theilweise Rückerstattung der Abgabe beantragt werden.

§ 13.

Wird bei einer Distriktsverwaltungsbehörde die Ausstellung eines Wandergewerbescheins, für welchen die besondere Abgabe zu entrichten ist, oder die Ausdehnung eines solchen, einem Ausländer außerhalb Bayerns ausgestellten Wandergewerbescheins auf den Bezirk der Behörde nachgesucht, so darf die Ausstellung oder Ausdehnung des Scheins, auch wenn sonstige Bedenken nicht vorliegen, solange nicht erfolgen, als nicht jene Abgabe bezahlt ist. Ausländern ist hiebei die Vorausbezahlung der Abgabe für mehrere Verwaltungs- oder Regierungsbezirke nicht zu gestatten. In dem Wandergewerbeschein ist zu bemerken, für welchen Bezirk oder für welche Bezirke und in welchem Betrage die Abgabe entrichtet wurde (Vollzugs-Verordnung vom 29. März 1892 § 27 Abs. 4, Bundesrathsverordnung vom 27. November 1896).

Reichsangehörige, welche auf Grund eines von einer nichtbayerischen deutschen Behörde ausgestellten Wandergewerbescheins in Bayern einen Gewerbebetrieb im Umherziehen beabsichtigen, für welchen die besonderen Abgaben zu entrichten sind, haben die sie treffende Abgabe bei jener Distriktsverwaltungsbehörde, in deren Bezirk sie das Königreich betreten oder den Gewerbebetrieb beginnen wollen, zu erlegen, worauf ihnen die Behörde, vorausgesetzt, daß sie sich auch über die Bezahlung der Steuer nebst Umlagen auszuweisen vermögen, auf dem Wandergewerbescheine entsprechende Vormerkung zu machen hat (V.V. vom 29. März 1892 § 27 Abs. 5).

Will der Inhaber eines Wandergewerbescheins später, aber noch innerhalb des Kalenderjahrs, für welches der Schein ausgestellt wurde, seinen Geschäftsbetrieb auf weitere Bezirke erstrecken, so muß er, falls er ein Ausländer ist, bei jener Distriktsverwaltungsbehörde, bei welcher er um Ausdehnung seines Wandergewerbescheins nachsucht, außerdem aber bei einer beliebigen Distriktsverwaltungsbehörde die Differenz nachbezahlen, welche zwischen der bereits entrichteten und der für den größeren Bezirk bestimmten Abgabe besteht. Ueber diese Nachzahlung ist entsprechender Vermerk auf dem Wandergewerbescheine zu machen (V.V. vom 29. März 1892 § 27 Abs. 4).

Die auf Grund vorstehender Bestimmungen erhobenen Abgaben, welche für den gewerblichen Unterricht verwendet werden, sind allmonatlich an die k. Regierungen, Kammern des Innern, und von diesen in längstens halbjährigen Terminen an das k. Staatsministerium des Innern für Kirchen- und Schulangelegenheiten einzusenden. Die richtige Einhebung und Verrechnung dieser Abgaben ist von den Amtsvorständen einer regelmäßigen Kontrole zu unterstellen.

§ 14.

Hausirhandel im Grenzzollbezirk.

Im Grenzzollbezirk, dessen Binnenlinie durch die Bekanntmachungen vom 4. März 1834 (Reg.-Bl. S. 177 ff.), 1. September 1859 (Reg.-Bl. S. 857), 30. September 1878 (Ges.-Verordn.-Bl. S. 433), 10. Dezember 1886 (Ges.-Verordn.-Bl. S. 645) festgesetzt ist, dürfen nach § 124 des Vereinszollgesetzes (Ges.-Bl. 1869 S. 1474) Hausirgewerbe, zu denen auch das Halten von Wanderlagern zu rechnen ist, nur mit besonderer Erlaubniß des zuständigen k. Hauptzollamtes und und unter den zum Zwecke des Zollschutzes erforderlichen, von dem k. Staatsministerium der Finanzen anzuordnenden Beschränkungen betrieben werden. Auf Material- und Spezereiwaaren, sowie auf Zeuge, ganz oder theilweise aus Baumwolle, Wolle oder Seide, soll sich der Regel nach die Erlaubniß nicht erstrecken. Es können indeß von dem k. Staatsministerium der Finanzen für einzelne Grenzstrecken in Bezug auf solche Waaren, welche dort keinen Gegenstand des Schleichhandels bilden, Ausnahmen zugelassen werden.

Ausländern darf nach den dermalen getroffenen Anordnungen von den Zollbehörden die Erlaubniß zum Hausirhandel im Grenzzollbezirk überhaupt nicht ertheilt werden, ausgenommen den Tirolern, die mit Nördlinger Teppichen und den Bewohnern von Steiermark und Tirol, die mit Sensen und Wetzsteinen sowie mit Töpferwaaren aus dem Bezirke Kröning in Niederbayern handeln. Auch erstreckt sich dieses Verbot nicht auf solche Ausländer, welche ausschließlich den Verkauf oder Ankauf roher Erzeugnisse der Land- und Forstwirthschaft, des Garten- und Obstbaues, der Geflügel- und Bienenzucht im gewöhnlichen Grenzverkehr betreiben wollen und für ihren Geschäftsbetrieb eines Wandergewerbescheines nicht bedürfen (vgl. oben § 2 Abs. 2).

Von den Behörden, deren Bezirke ganz oder theilweise im Grenzzollbezirke liegen, ist auf die angeführten, aus der Zollgesetzgebung hervorgehenden Beschränkungen des Hausirhandels bei Verbescheidung von Gesuchen um Ausstellung oder Ausdehnung von Wandergewerbescheinen geeignete Rücksicht zu nehmen. Wenn sich ergibt, daß der Nachsuchende im Grenzzollbezirk hausiren oder ein

Wanderlager betreiben will, so ist ihm, falls er ein Ausländer ist, die Ausstellung oder Ausdehnung des Wandergewerbescheines, vorbehaltlich der in Abs. 2 oben erwähnten Ausnahme, zu versagen; andernfalls aber ist er zur vorherigen Beibringung der Erlaubniß des zuständigen k. Hauptzollamts zu veranlassen.

§ 15.

Mitführung von Begleitern.

Wenn mehrere Personen gemeinsam ein Gewerbe im Umherziehen betreiben, bedarf jedes Mitglied der Gesellschaft oder Familie, welches an der Ausübung des Gewerbes Theil nimmt, vorbehaltlich der unten (§ 18) zu erwähnenden Ausnahme eines besonderen Wandergewerbescheines.

Für denjenigen dagegen, welcher nicht bei dem eigentlichen Gewerbebetriebe als Theilhaber oder Gehilfe mitwirkt, sondern den Gewerbetreibenden zu irgend einem anderen Zwecke (behufs Beförderung von Waaren, Wartung des Gespannes rc. rc.) begleitet, ist zwar nicht ein Wandergewerbeschein, wohl aber eine ausdrückliche, behördliche Genehmigung nothwendig (§ 62 Gew.=O.).

Zuständig zur Ertheilung dieser Genehmigung ist jene Behörde, welche den Wandergewerbeschein ausgestellt hat oder in deren Bezirk sich der Nachsuchende befindet. Die Genehmigung wird in dem Wandergewerbeschein unter näherer Bezeichnung der mitzuführenden Personen vorgemerkt. Die nemlichen Gründe, aus welchen die Versagung des Gewerbebetriebes erfolgen muß (§ 57), soll (§ 57 a) oder kann (§ 57 b), verpflichten bezw. berechtigen auch zur Versagung des Mitsichführens von Begleitern; es ist deßhalb vor Ertheilung der Genehmigung das Vorhandensein der gesetzlichen Voraussetzungen unter Erhebung der erforderlichen Zeugnisse strenge zu prüfen (§ 62 der Gew.=O., Ziff. 10 der Bundesrathsverordn. vom 27. November 1896).

Außerdem ist noch Folgendes zu beachten:

I. Unbedingt verboten ist

1. das Mitsichführen von Kindern unter 14 Jahren zu gewerblichen Zwecken;
2. das Mitsichführen von schulpflichtigen Kindern überhaupt, soferne nicht für einen ausreichenden Unterricht dieser Kinder gesorgt ist.

II. Zulässig, dem freien Ermessen der Behörde anheimgestellt ist das Verbot

1. des Mitsichführens von Kindern unter vierzehn Jahren überhaupt;

2. des Mitsichführens von Personen anderen Geschlechts mit Ausnahme der Ehegatten und der über 14 Jahre alten eigenen Kinder und Enkel.

III. Ausländern, welche einen Inländer, oder Inländern, welche einen Ausländer als Begleiter mit sich führen wollen, muß die Bewilligung des Mitführens des Begleiters versagt werden, wenn dem Begleiter, falls er um Ausstellung eines Wandergewerbescheines nachsuchen würde, die Ausstellung aus den in § 8 und 9 gegenwärtiger Anweisung enthaltenen Gründen versagt werden müßte. (Bundesrathsverordnung v. 27. November 1896 II lit. A Ziff. 10.)

Selbst dann übrigens, wenn derartige Versagungsgründe nicht vorliegen, ist es dem Ermessen der Behörden anheimgestellt, Ausländern überhaupt die Genehmigung zur Mitführung von Personen anderen Geschlechts zu versagen, ausgenommen Ehegatten und eigene über 21 Jahre alte Kinder und Enkel.

Ergeben sich bei Gesuchen um nachträgliche Zulassung von Begleitern Zweifel darüber, ob nicht in Folge hievon eine Erhöhung der Besteuerung des Inhabers des Wandergewerbescheines einzutreten habe, so ist die Genehmigung von dem Nachweise der Entrichtung der höheren Steuer nebst Umlagen, bezw. von der Bestätigung des Rentamts, daß eine Aenderung in der Besteuerung nicht eintrete, abhängig zu machen (Art. 10 u. 12 des Ges. vom $\frac{\text{10. März 1879}}{\text{20. Dezember 1897}}$, § 19 Abs. 3 u. 4 der Vollzugs-Vorschr. vom 16. März 1879).

§ 16.

Verfahren.

Wer die Ausstellung eines Wandergewerbescheines wünscht, hat, falls er ein Ausländer ist oder einen Wohnsitz in Bayern nicht hat, persönlich vor der zuständigen Behörde zu erscheinen. Die Ertheilung von Wandergewerbescheinen im Correspondenzwege ist daher an solche Personen unstatthaft. Reichsangehörige dagegen, deren Wohnsitz sich in Bayern befindet, können das Gesuch um Ausstellung eines Wandergewerbescheines durch Vermittelung der Gemeindebehörde ihres Wohnsitzes einbringen. Wird dem Gesuche stattgegeben, so ist dem Nachsuchenden der Wandergewerbeschein durch die Gemeindebehörde zustellen zu lassen, welche gleichzeitig für die Beifügung der Personalbeschreibung und Unterschrift des Empfängers, sowie für die Beglaubigung der letzteren Sorge zu tragen hat.

Die Behörde muß dem Nachsuchenden entweder den Wandergewerbeschein ertheilen, oder unter kurzer Begründung schriftlich versagen, wobei auf thunlichst rasche Erledigung des Gesuches Bedacht zu nehmen ist. Wenn der Nachsuchende persönlich vor der Behörde erschienen ist, so sind etwaige Bedenken demselben zunächst mündlich zu eröffnen und ist erst dann, wenn er sich hiebei nicht beruhigt, schriftlicher Bescheid zu erlassen. Gegen die Versagung steht der Rekurs zu, welcher stets an die Kreisregierung, Kammer des Innern zu richten ist.

Vorstehende Anordnungen sind auch zu beachten, wenn um die Genehmigung zur Mitführung von Begleitern oder um die Ausdehnung eines Wandergewerbscheines auf den Bezirk einer anderen Behörde nachgesucht wird.

Der Rekurs, welchem eine aufschiebende Wirkung nicht zukommt, ist im Verwaltungsrechtsstreitverfahren zu verbescheiden; ausnahmsweise ist das einfache für Beschwerden im Allgemeinen geltende Verfahren einzuschlagen, wenn:

1. die Ausstellung eines Wandergewerbscheines oder die Ausdehnung desselben auf einen anderen Bezirk versagt wurde, weil eine den Verhältnissen des Bezirkes entsprechende Zahl von Wandergewerbscheinen des beabsichtigten Gewerbebetriebes bereits ausgestellt oder ausgedehnt ist (§ 57 Ziff. 5, § 60 Abs. 2 Gew.-O.);

2. wenn der Wandergewerbschein für kürzere Zeit als beantragt, ausgestellt bezw. ausgedehnt oder nur auf bestimmte Tage im Kalenderjahre beschränkt wurde;

3. wenn die für minderjährige Personen zulässigen Beschränkungen (§ 60b Gew.-O.) in den Wandergewerbschein aufgenommen wurden;

4. wenn die Erlaubniß zur Mitführung von Kindern oder Personen anderen Geschlechts beim Gewerbebetrieb im Umherziehen versagt wurde (§ 62 Abs. 4 u. 5 Gew.-O.);

5. wenn die Beschwerde von einem Ausländer angebracht ist.

Gegen die Versagung des Wandergewerbscheines für die Ausübung des Gaurittes auf Grund des Ausspruches des verstärkten Körausschusses oder gegen die Beschränkung desselben für einen kleineren als den erbetenen Bezirk findet eine Berufung überhaupt nicht statt (§ 61 der Allerh. Verord. v. 8. Juni 1890).

Im Uebrigen wird auf die allgemeinen Bestimmungen über das Verfahren in Gewerbspolizei- bezw. Verwaltungsrechtssachen verwiesen. (Gew.-O. §§ 62 Abs. 2, 63, 20 u. 21; Vollz.-Verord. v. 29. März 1892 §§ 53, 54. Ges. v. 8. Aug. 1878 Art. 8 Ziff. 8, Art. 16 ff. u. 27 ff. u. Vollzugsvorschriften hiezu v. 1. Sept. 1879.)

§ 17.

Formulare.

Im Falle der Ertheilung eines Wandergewerbscheines ist darauf zu achten, daß das richtige Formular angewendet werde.

Die Formulare sind festgestellt durch Bundesrathsverordnung vom 27. November 1896 (G.- u. V.-Bl. S. 646 ff.).

Anzuwenden ist:

das gelbe Formular A (Beilage II) für den Gewerbebetrieb der Inländer sowie der Ausländer in den Fällen des § 55 Ziff. 4 der Gewerbeordnung (Darbietung von Schaustellungen, Aufführung von Musikproduktionen 2c. 2c.);

das graue Formular B (Beilage III) für den Gewerbebetrieb der Reichsangehörigen in allen Fällen, in welchen nicht das Formular A anzuwenden ist;

das rothe Formular C (Beilage IV) für den Gewerbebetrieb der Ausländer in allen Fällen, in welchen nicht das Formular A anzuwenden ist.

Bei der Ausfüllung und Ausfertigung der Formulare ist namentlich Folgendes zu beachten:

1. Die Nummer des Wandergewerbscheines muß mit der entsprechenden Nummer in Spalte 1 des von der Behörde über die ausgestellten und ausgedehnten Wandergewerbscheine zu führenden Verzeichnisses (siehe unten § 19) genau übereinstimmen.

2. Vor- und Zuname, Personalbeschreibung, Wohnort (und wenn möglich auch die Heimath, wenn diese nicht mit dem Wohnort zusammenfällt) sowie Staatsangehörigkeit des Wandergewerbeschein-Inhabers sowie der zugelassenen Begleiter sind richtig und vollständig anzugeben. Insbesondere ist auch die Zahl der mitgeführten Kinder, deren Namen, Alter und sonstiges Personalverhältniß vollständig einzutragen.

3. Der Inhaber des Wandergewerbscheines und die etwa zugelassenen Begleiter haben ihre Unterschrift in Gegenwart der Behörde, welche den Schein ausstellt oder aushändigt (vgl. vorstehende Ziff. 16 Abs. 1), in den Wandergewerbschein zu setzen.

4. Wenn Begleiter nicht zugelassen werden, sind in den gedruckten Formularen die bezüglichen Stellen zu durchstreichen.

5. Der beabsichtigte Gewerbebetrieb ist unter Angabe der Waarengattungen, bezw. der beabsichtigten gewerblichen oder künstlerischen Leistungen in dem Wandergewerbscheine näher zu bezeichnen; hiebei ist sich eventuell an die Ausdrucksweise des Besteuerungsnachweises zu halten, außer wenn diese so unbestimmt ist, daß sie auch solche Waaren umfassen würde, deren Ankauf und Verkauf im Umherziehen untersagt ist, z. B. gebrauchte Bettfedern; in solchen Fällen ist eine Bezeichnung

zu wählen, welche die verbotenen Gegenstände ausschließt. Will der Hausirer nicht blos Waaren feilbieten, sondern solche auch im Tauschhandel aufkaufen, so ist dieser doppelte Gewerbebetrieb im Wandergewerbeschein einzutragen (§ 60 Abs. 4 Gew.-O.).

6. Erfolgt in den Fällen des § 55 Ziff. 1—3 der Gew.-O. die Ausstellung eines Wandergewerbescheines in Bayern ohne vorgängige Steueranlage daselbst, weil der Wandergewerbeschein-Inhaber sein Gewerbe nur außerhalb Bayerns ausüben will, so ist an Stelle der dem Wandergewerbeschein beigedruckten Bescheinigung über die Entrichtung der Landessteuern von der Distriktsverwaltungsbehörde nachstehender Vermerk beizufügen:

„Ohne Steueranlage für Bayern, da ... (folgt Name und Wohnort) den Gewerbebetrieb im Umherziehen in Bayern nicht auszuüben beabsichtigt."

Bei Ertheilung solcher steuerfreier Wandergewerbescheine sind die Inhaber ausdrücklich darüber zu belehren, daß sie bei der etwaigen späteren Ausübung des Gewerbes in Bayern der Steuerpflicht nach dem Gesetze vom $\frac{\text{10. März 1879}}{\text{20. Dezember 1897}}$ über die Besteuerung des Gewerbebetriebs im Umherziehen bei Vermeidung der in diesem Gesetze vorgesehenen Strafen nachzukommen haben.

7. Soferne der Gewerbebetrieb im Umherziehen nur mit zeitlicher oder räumlicher Begrenzung genehmigt wird, ist Zeitdauer (ev. Reihenfolge der einzelnen Tage) und Bezirk (Oertlichkeit) im Wandergewerbescheine in deutlicher Bezeichnung einzutragen.

8. Die Formulare A, B und C sind nicht nur auf der ersten Innenseite sondern auch auf der vorletzten Seite unmittelbar nach dem jeweiligen Nachweise über die erfolgte Steuerzahlung bezw. Entrichtung der besonderen Abgabe von der den Wandergewerbeschein ausstellenden Behörde unterschriftlich zu fertigen.

9. In jenen Fällen, in welchen der Besteuerungsnachweis nicht im Wandergewerbeschein enthalten ist, sondern auf einem gesonderten Formulare beigebracht wird (Ziff. 6 der Min.-Entschl. v. 13. Dez. 1883, Amtsbl. d. Min. d. J. S. 392), ist der Besteuerungsnachweis dem Wandergewerbescheine beizuheften.

10. Für den Eintrag des Besteuerungsnachweises in den Wandergewerbeschein bei Ausstellung eines gemeinsamen Wandergewerbescheines für eine Gesellschaft oder bei Ausstellung von Einzelwandergewerbescheinen für jedes Mitglied der Gesellschaft gelten die Bestimmungen in Ziff. 5 der Min.-Bekanntm. v. 13. Dez. 1883 (Min.-Amtsbl. S. 392).

11. Auf der vorletzten Seite des Formulars B und C ist, wie der Vordruck andeutet, die Entrichtung der Gebühr nnd der besonderen Abgabe (siehe oben § 11) unter Beifügung der Nummer des Gebührenregisters zu bescheinigen.

12. Im Falle der Ausdehnung eines Wandergewerbescheines auf einen anderen Bezirk oder der nachträglichen Zulassung von Begleitern hat die Bestätigung der Behörde auf den zu diesem Zweck unbedruckt gelassenen Blättern der Formulare unter Beifügen der erhobenen Gebühren und Abgaben und der Nummer des Gebühren-Registers zu erfolgen.

§ 18.

Kollektivwandergewerbescheine.

Bei der Ausstellung von Wandergewerbescheinen für Gesellschaften, welche Musikaufführungen, Schaustellungen, theatralische Vorstellungen oder sonstige Lustbarkeiten, ohne daß ein höheres Interesse der Kunst oder der Wissenschaft dabei obwaltet, darbieten wollen (§ 55 Ziff. 4, 60a und 60d Abs. 3 und 4 Gew.-O.), ist nach folgenden Grundsätzen zu verfahren:

I. Bei umherziehenden Gesellschaften der bezeichneten Art können sowohl gemeinsame Wandergewerbescheine für die Gesellschaft als solche, wie auch an deren Stelle für die einzelnen Mitglieder besondere Wandergewerbescheine ausgefertigt werden. In letztere kann ein Vermerk aufgenommen werden, nach welchem dem Inhaber der Gewerbebetrieb nur im Verbande einer Gesellschaft überhaupt oder im Verbande einer bestimmten Gesellschaft gestattet sein soll. Wie hienach die Ausstellung im einzelnen Falle erfolgt, bleibt von dem Antrage des Gewerbetreibenden abhängig. In dem Wandergewerbeschein für den Unternehmer einer Schauspielergesellschaft ist ausdrücklich vorzumerken, daß der Gewerbetreibende als Unternehmer auftreten will.

II. In dem für den einzelnen Gewerbetreibenden ausgefertigten Wandergewerbeschein sind Vermerke, welche den Wandergewerbeschein auf die Ausübung in einem Geschäftsverbande beschränken, beispielsweise der Vermerk: „als Mitglied einer Musik- (Schauspiel- rc.) Gesellschaft“ oder „als Mitglied der Musikgesellschaft des N. N.“ auf der ersten Seite des Formulars A in den für die nähere Angabe des beabsichtigten Gewerbebetriebs vorbehaltenen Raum einzutragen. In den für Gesellschaften ausgefertigten gemeinsamen Wandergewerbescheinen ist an der gleichen Stelle der Vermerk „als Unternehmer einer Musik- (Schauspiel- rc.) Gesellschaft, welche aus den auf Blatt 2 bezeichneten Mitgliedern besteht,“ vorzutragen und auf dem zweiten Blatte des Formulars A (nicht in dem für die Bezeichnung der Begleiter bestimmten Raume) ein Verzeichniß der Mitglieder nach Namen und Personenbeschreibung zu geben.

Für den Vollzug wird hiezu weiter bemerkt:

1. Die Ausstellung gemeinsamer Kollektivwandergewerbescheine ist nur zulässig bei Gesellschaften der in § 55 Abs. 4 der Gewerbeordnung bezeichneten Art (vergl. oben § 15).

2. Die Ausfertigung von Kollektivwandergewerbescheinen enthebt die Behörden nicht der Pflicht, bezüglich jedes einzelnen Mitgliedes einer Gesellschaft zu prüfen, ob die Voraussetzungen der §§ 57, 57a, 57b der Gew.-O., bezw. insoweit Nichtdeutsche in Frage stehen, ob außerdem auch die Voraussetzungen in Ziff. 5 der Bundesrathsverordnung vom 27. November 1896 gegeben sind. Es sind deßhalb von jedem Mitgliede die erforderlichen Zeugnisse zu erheben (vgl. oben §§ 8 und 9).

3. Geht der Antrag auf Ausstellung besonderer Wandergewerbescheine für die einzelnen Mitglieder einer Gesellschaft, so ist in diese Individualwandergewerbescheine zugleich ein Vermerk über die Zugehörigkeit zu einer Gesellschaft aufzunehmen und dieses nur dann zu unterlassen, wenn die Betheiligten ausdrücklich darauf antragen. In letzterem Falle werden sich alsdann die Behörden veranlaßt sehen, die Frage, ob der Wandergewerbeschein überhaupt zu ertheilen sei, jedem einzelnen Gesellschaftsmitgliede gegenüber mit besonderer Genauigkeit zu prüfen.

4. Da die durch das Gesetz vom $\frac{\text{10. März 1879}}{\text{20. Dezember 1897}}$ vorgeschriebene Steuer für die Mitglieder solcher Gesellschaften von dem Unternehmer der Gesellschaft entrichtet wird, so ist, falls für die einzelnen Gesellschaftsmitglieder besondere Wandergewerbescheine ausgefertigt werden, in letzteren auf die gemeinschaftliche Besteuerung hinzuweisen (vgl. Ziff. 5 der Min.-Bekanntmachung vom 13. Dezember 1883, Min.-Amtsbl S. 392 und oben § 17 Abs. 4 Ziff. 10).

5. Treten zu dem Personalstande solcher Gesellschaften neue Mitglieder hinzu, welche einen Wandergewerbeschein für ihre Person noch nicht besitzen, so müssen dieselben, falls ihre Zulassung überhaupt gestattet wird, entweder einen eigenen Wandergewerbeschein sich lösen oder in dem Mitgliederverzeichnisse des gemeinsamen Wandergewerbescheines für die Gesellschaft nachgetragen werden. Ergibt sich hiebei Zweifel darüber, ob in Folge dieser Aenderungen eine Erhöhung in der Besteuerung des Unternehmers der Gesellschaft einzutreten habe, so ist nach den oben in § 15 letzter Absatz gegebenen Direktiven zu verfahren.

Der geschehene Nachtrag eines Mitgliedes in den gemeinsamen Wandergewerbeschein kann später aus den nemlichen Gründen, aus welchen die Zurücknahme eines Wandergewerbescheines zulässig ist, zurückgenommen werden. Für das Beschwerdeverfahren in solchen Fällen gelten die oben unter Ziff. 16 enthaltenen Bestimmungen.

§ 19.

Verzeichnisse der ausgestellten Scheine.

Die Behörden haben über die von ihnen ausgestellten bezw. auf ihren Bezirk ausgedehnten Wandergewerbescheine fortlaufende, jährlich abzuschließende Verzeichnisse nach dem anliegenden Formulare J (Beilage VIII) zu führen (Verordn. v. 29. März 1892 § 25 Abs. 3).

Zu diesen Verzeichnissen sind die Atteste, auf Grund deren die Scheine ausgestellt wurden (s. oben §§ 8 u. 9), als Beilagen zu nehmen.

Bezüglich der Anwendung des Formulares J wird Folgendes bemerkt:

1. Im Falle der Ausdehnung eines Wandergewerbescheines ist die Spalte 2 unausgefüllt zu lassen.

2. Als Fälle der Ausdehnung eines Wandergewerbescheines, welche in Spalte 3 des Verzeichnisses einzutragen sind, gelten nicht blos die nach § 60 Abs. 2 der Gew.=O. und Ziff. II, A, 6 der Bundesrathsverordnung vom 27. November 1896 erfolgenden Ausdehnungen, sondern auch diejenigen Fälle, in welchen gemäß § 27 der Allerh. Verordnung vom 29. März 1892 die besondere Abgabe nachbezahlt wird. Ferner sind in Spalte 3 auch jene Fälle einzutragen, in welchen andere Personen nachträglich zur Mitführung zugelassen werden.

Neben der vorbezeichneten Verpflichtung zum Eintrage im Verzeichnisse besteht für die Distriktsverwaltungsbehörden bei jeder Ertheilung und Zurücknahme eines Wandergewerbescheines zum Betriebe des Gaurittes noch die Vorschrift, den einschlägigen Landgestüten hievon unverzüglich Nachricht zu geben (§ 62 der Allerh. Verordn. v. 8. Juni 1890).

§ 20.

Verhaltungsvorschriften für den Inhaber des Wandergewerbescheines.

Der Inhaber eines Wandergewerbescheines ist im Allgemeinen berechtigt, in dem ganzen Gebiete des Deutschen Reiches nach Entrichtung der darauf haftenden Landessteuern das im Wandergewerbeschein bezeichnete Gewerbe zu betreiben. Doch bestehen nachfolgende Beschränkungen:

1. Jene, welche eines der in § 55 Ziff. 4 der Gew.=O. bezeichneten Gewerbe betreiben, sowie alle Ausländer müssen ihren Gewerbebetrieb auf jene Bezirke beschränken, deren Behörde den Wandergewerbeschein ausgestellt oder ausgedehnt hat (§ 149 Abs. 1 Ziff. 3 Gew.=O.).

2. Der Inhaber eines Wandergewerbescheines darf das Gewerbe im Umherziehen nur mit solchen Waarengattungen betreiben oder nur solche Leistungen darbieten, welche im Wandergewerbescheine bezw. Besteuerungsnachweise bezeichnet sind (§ 149 Abs. 1 Ziff. 4 Gew.-O., Art. 12 u. 17 des Gesetzes v. $\frac{\text{10. März 1879}}{\text{20. Dezember 1897}}$).

3. Nur das Mitführen solcher Personen als Begleiter ist gestattet, welche im Wandergewerbeschein ausdrücklich als Begleiter benannt, bezw. zugelassen sind (§ 149 Abs. 1 Ziff. 5 Gew.-O.); das Gleiche gilt für das Mitführen von Kindern.

5. Sind dem Inhaber eines Wandergewerbescheines räumliche oder zeitliche Beschränkungen hinsichtlich des Gewerbebetriebes gemäß §§ 60 und 60b und 60d Abs. 3 der Gew.-O. auferlegt, so hat er sich jeder Ueberschreitung derselben zu enthalten (§ 148 Abs. 1 Ziff. 7c Gew.-O.).

6. Der Inhaber eines Wandergewerbescheines ist verpflichtet, solchen sammt Besteuerungsnachweis während der thatsächlichen Ausübung des Gewerbes bei sich zu führen, auf Erfordern der zuständigen Behörden oder Beamten bezw. der Vollzugsorgane derselben vorzuzeigen und die von ihm geführten Waaren vorzulegen. Durch das Vorzeigen einer beglaubigten Abschrift wird dieser Verpflichtung nicht genügt. (§§ 60c u. 149 Abs. 1 Ziff. 2 Gew.-O., Art. 11 u. 19 des Gesetzes v. $\frac{\text{10. März 1879}}{\text{20. Dezember 1897}}$.)

7. Verboten ist dem Inhaber eines Wandergewerbescheines der Eintritt in fremde Wohnungen ohne vorgängige Erlaubniß sowie das Betreten fremder Häuser und Gehöfte zur Nachtzeit (§ 60c Abs. 2 und 148 Abs. 1 Ziff. 7b Gew.-O.).

8. Der Gewerbebetrieb im Umherziehen darf nicht durch Stellvertreter ausgeübt werden und es ist daher nicht erlaubt, den Wandergewerbeschein einer anderen Person zu überlassen (§ 60d Abs. 1 und § 148 Abs. 1 Ziff. 5 Gew.-O., R.-Str.-G.-B. § 363, Gesetz v. $\frac{\text{10. März 1879}}{\text{20. Dezember 1897}}$ Art. 11 u. 19).

9. Wanderlagerbesitzer und andere umherziehende Gewerbetreibende, welche zum Zwecke der Ankündigung ihrer Unternehmung auf Straßen oder öffentlichen Plätzen Plakate u. dergl. anbieten, ausstreuen oder anheften lassen wollen, bedürfen hiezu nach Art. 12 des Ausführungsgesetzes zur Reichs-Strafprozeßordnung vom 18. August 1879 der Erlaubniß der zuständigen Preßpolizeibehörde. Die letztere hat strenge zu prüfen, ob oder unter welchen Bedingungen solche Plakate zulässig sind. Plakate, die von Wanderlagerbesitzern ausgehen, sind zurückzuweisen, wenn dieselben geeignet erscheinen, das Publikum zu irrigen

Meinungen über den Ursprung der Waaren oder die Person des Verkäufers zu veranlassen.

Jede öffentliche Ankündigung des Gewerbebetriebes im Umherziehen darf nur unter dem Namen des Gewerbetreibenden mit Hinzufügung seines Wohnortes erlassen werden. Insbesondere muß, soferne eine Verkaufsstelle für den Gewerbebetrieb im Umherziehen benützt wird, an derselben, namentlich bei Wanderlagern, in einer für Jedermann erkennbaren Weise ein den Namen und Wohnort des Gewerbetreibenden angebender Aushang angebracht werden. (§ 56c Abs. 2 und 148 Abs. 1 Ziff. 7b Gew.-O.)

10. Dem Inhaber eines Wandergewerbescheines ist untersagt, seine Waaren im Wege der Versteigerung (sogen. Wanderauktion) oder unter Formen des Glückspieles oder der Ausspielung (Lotterie) abzusetzen. Ueber Ausnahmebewilligungen vgl. oben § 7 letzter Absatz lit. a.

11. Der Inhaber eines Wandergewerbescheines ist verpflichtet,

a) soferne er eines der in § 55 Ziff. 4 der Gew.-O. bezeichneten Gewerbe an einem Orte von Haus zu Haus oder auf öffentlichen Wegen, Straßen, Plätzen, oder an anderen öffentlichen Orten ausüben will, vorher sich die Erlaubniß der Ortspolizeibehörde zu erholen (§ 60a und § 148 Abs. 1 Ziff. 7b Gew.-O.);

b) soferne er Druckschriften, andere Schriften oder Bildwerke feilbieten will, ein von der Distriktsverwaltungsbehörde (in München von der Polizeidirektion) genehmigtes Druckschriftenverzeichniß stets bei sich zu führen, solches auf Verlangen den zuständigen Behörden und Beamten oder deren Vollzugsorganen vorzuzeigen und den Vertrieb auf die in diesem Verzeichnisse enthaltenen Schriften und Werke zu beschränken (§ 56 Abs. 4 u. 149 Ziff. 2 Gew.-O.), ferner bei der Ortspolizeibehörde gemäß § 43 Gew.-O. sich einen Legitimationsschein zu lösen und stets bei sich zu führen (§ 149 Abs. 1 Ziff. 1 Gew.-O.);

c) soferne er den Gauritt betreiben will, unmittelbar vor Beginn der Deckzeit und sodann während derselben in Zwischenräumen von 14 Tagen seinen Hengst der Untersuchung des beamteten Thierarztes des jeweiligen Deckungsbezirkes zu unterstellen und die von demselben ausgefertigte Bescheinigung über die vorgenommene Untersuchung stets bei sich zu führen (Ziff. 8 der Min.-Bekanntm. vom 24. März 1881, Ges.- u. Verordn.-Blatt S. 134 ff.), auch den Körschein stets bei sich zu haben und auf Verlangen den betheiligten Stutenbesitzern und den zur Kontrole berechtigten Personen, wozu außer den Polizeibeamten auch sämmtliche Gestütsbeamte und Gestütsaufseher zählen, vorzuzeigen (§ 59 der Allerh. Verord. vom 8. Juni 1890).

12. Hausirer, welche ihre Waaren nach Maß und Gewicht absetzen, müssen die erforderlichen, mit dem gesetzlichen Aichungsstempel

versehenen Maße und Gewichte im Besitze haben. (Allerh. Verord. v. 19. Dez. 1869, Reggs.=Bl. S. 2330 und § 369 Ziff. 2 des R.=St.=G.=B.)

Selbstverständlich sind auch die übrigen strafgesetzlichen Bestimmungen, von denen hier nur noch die Vorschrift des § 123 Abs. 1 R.=St.=G.=B. über das widerrechtliche Betreten fremder Räume hervorgehoben wird, von den Personen, welche ein Gewerbe im Umherziehen betreiben, zu beobachten.

§ 21.

Ertheilung neuer Ausfertigungen von Wandergewerbescheinen.

Wenn glaubhaft nachgewiesen wird, daß ein Wandergewerbeschein verloren, vernichtet oder unbrauchbar geworden ist, so kann die Ertheilung einer neuen Ausfertigung desselben gegen Ersatz der Auslagen einschließlich der etwaigen Amortisationskosten verlangt werden, soferne der Besteuerungsnachweis noch vorhanden ist oder eine neue Ausfertigung des letzteren beigebracht wird (Art. 11 Abs. 4 des Ges. vom 10. März 1879 / 20. Dezember 1897.

§ 22.

Zurücknahme des Wandergewerbescheines.

Schon vor Ablauf des Kalenderjahres oder der kürzeren Zeit, für welche der Wandergewerbeschein ausgestellt wurde, kann derselbe wieder zurückgenommen werden, wenn sich ergibt, daß eine der in § 57 Ziff. 1—4, § 57 a oder § 57 b der Gew.=O. bezeichneten, unter § 8 gegenwärtiger Anweisung aufgeführten Voraussetzungen erst nach Ausstellung des Scheines eingetreten ist oder schon vorher zwar vorhanden, jedoch der ausstellenden Behörde unbekannt geblieben war. Insbesondere gilt dies auch bei solchen Wandergewerbescheinen, welche für das Hausiren mit Druckschriften ausgestellt wurden.

Der für die Ausübung des Gauritts ausgestellte Wandergewerbeschein muß zurückgenommen werden, wenn der Körschein, auf Grund dessen die Ausstellung des Wandergewerbescheines erfolgte, nach Maßgabe des Art. 3 Abs. 2 des Gesetzes v. 26. März 1881, die Körordnung betreffend, zurückgezogen wurde (§ 60 der Allerh. Verord. v. 8. Juni 1890).

Die Zurücknahme der Wandergewerbescheine kann verfügt werden von der Distriktsverwaltungsbehörde des Wohnortes oder von jener des Aufenthaltsortes der Inhaber. (In München vom Magistrate, bei Preßerzeugnissen von der k. Polizeidirektion.)

Gegen die Zurücknahme des Wandergewerbescheines steht der Rekurs offen.

Das Verfahren über Einlegung und Verbescheidung des Rekurses entspricht jenem bei Beschwerden wegen Versagung eines Wandergewerbescheines. Siehe oben § 16.

Ist der Inhaber eines Wandergewerbescheines ein Ausländer, so kann die Zurücknahme auch dann erfolgen, wenn sich nachträglich ergibt, daß derselbe das 25. Lebensjahr noch gar nicht überschritten hat oder daß derselbe schon vor oder erst nach der Ausstellung des Wandergewerbescheines zu erheblichen polizeilichen Bedenken Anlaß gegeben hat. Der Wandergewerbeschein ist in solchen Fällen dem Inhaber abzunehmen und der ausstellenden Behörde zurückzusenden. Befindet sich bei dem Wandergewerbeschein ein gesonderter Besteuerungsnachweis, so ist solcher dem Rentamte zurückzugeben. Wenn jedoch der Wandergewerbeschein unter offenbarer Nichtachtung der für Ausländer bestehenden Beschränkungen ausgestellt wurde, so ist derselbe der Kreisregierung, Kammer des Innern, oder wenn die Ausstellung durch eine außerbayerische Behörde erfolgt ist, dem k. Staatsministerium des Innern, Abtheilung für Landwirthschaft, Gewerbe und Handel, behufs weiterer Verfügung in Vorlage zu bringen.

Im Falle der Zurücknahme des einem Ausländer ausgestellten Wandergewerbescheines ist auch die Heimweisung des Betreffenden in Erwägung zu ziehen und eventuell zu bethätigen. Namentlich ist diese Maßregel in Gemäßheit der Ministerial-Entschließungen vom 28. Februar 1870 Nr. 1672, 23. Oktober 1874 (Min.-A.-Bl. S. 436) und 11. Mai 1875 (Min.-A.-Bl. S. 243) gegen Individuen, welche jugendliche Personen italienischer Herkunft unter 18 Jahren bei umherziehenden Gewerben verwenden, sowie gegen diese jugendlichen Personen selbst vorzukehren.

Die Zurücknahme eines einem Ausländer ertheilten Wandergewerbescheines kann von diesem nur durch Beschwerde an die unmittelbar vorgesetzte Aufsichtsbehörde angefochten werden.

§ 23.

Zurücknahme der Ausdehnung eines Wandergewerbescheines und der Bewilligung zur Mitführung von Begleitern.

Aus den nämlichen Gründen, aus welchen der Wandergewerbeschein eines Inländers oder Ausländers zurückgenommen werden kann (vgl. vorstehenden § 22), kann auch die Ausdehnung eines solchen widerrufen werden (§ 60 Abs. 3 Gew.-O.).

Das gleiche gilt hinsichtlich der Erlaubniß zur Mitführung von Begleitern beim Gewerbebetrieb im Umherziehen (§ 62 Abs. 2 Gew.-O.).

Insbesondere aber kann außerdem noch zurückgenommen werden:

1. die Erlaubniß zur Mitführung schulpflichtiger Kinder, wenn sich ergibt, daß nicht für einen ausreichenden Unterricht der Kinder gesorgt ist (§ 62 Abs. 4 Gew.-O.);

2. die Erlaubniß zur Mitführung von Kindern unter 14 Jahren oder von Personen anderen Geschlechts (ausgenommen Ehegatten und über 14 Jahre alte eigene Kinder und Enkel) soweit nach eigenem Ermessen der Behörden diese Mitführung nachträglich zu erheblichen Bedenken Anlaß gab (§ 62 Abs. 5 Gew.-O.).

II. Der Gewerbebetrieb der Handelsreisenden.

§ 24.

Allgemeines.*)

Jeder, der ein stehendes Gewerbe selbständig in befugter Weise betreibt, darf sowohl persönlich als auch durch in seinem Dienste stehende Reisende außerhalb des Gemeindebezirkes seiner gewerblichen Niederlassung Waaren aufkaufen oder Bestellungen aufsuchen. In diesem Falle bedarf aber sowohl der Gewerbetreibende selbst als auch Jeder seiner Reisenden einer nach Maßgabe des § 44 a der Gewerbeordnung von der zuständigen Behörde ausgestellten Legitimationskarte oder einer auf Grund der betreffenden Zoll- und Handelsverträge ausgefertigten Gewerbelegitimationskarte für Handelsreisende. (Beilage V.)

Die Legitimationskarten für Inländer gelten für das Gebiet des ganzen Deutschen Reiches. Die auf Grund der bestehenden Zoll- und Handelsverträge ausgestellten Gewerbelegitimationskarten ferner haben, soferne sie von der zuständigen Behörde ausgestellt sind, Giltigkeit im Gebiete des ganzen Deutschen Reiches, ferner in Luxemburg, Belgien, Italien, Oesterreich-Ungarn, Rumänien, Rußland, Serbien, in der Schweiz, und bis auf Weiteres in Portugal, gleichviel, ob die Ausstellung der Legitimationskarte in einem deutschen Bundesstaate oder in einem der vorbenannten nichtdeutschen Staaten geschah.

Der Inhaber eines ausländischen Gewerbebetriebes oder dessen Handlungsreisende, welche zwar nicht den Staaten Belgien, Italien, Luxemburg, Oesterreich-Ungarn, Portugal, Rumänien, Rußland, Serbien, Schweiz, wohl aber solchen Staaten, welchen vertragsmäßig das Recht der Meistbegünstigung eingeräumt ist, angehören, bedürfen zum Geschäftsbetriebe im Deutschen Reiche einer nach Beilage VI auszustellenden Gewerbelegitimationskarte. Die Ausstellung muß von der zuständigen Behörde eines deutschen Bundesstaates erfolgt sein.

*) Auf Metzger und Wirthe, welche außerhalb ihres Wohnsitzes persönlich oder durch Stellvertreter Schlachtvieh für ihren Gewerbebetrieb von Landwirthen ankaufen, finden die Bestimmungen der §§ 44 und 44a der Gewerbeordnung keine Anwendung. Die genannten Gewerbetreibenden bedürfen zu dem fraglichen Ankauf von Schlachtvieh keiner Legitimationskarte. Min.-Entschl. vom 18. Februar 1898 Nr. 3201.

die Giltigkeit der Karte erstreckt sich dann auf das Gebiet des ganzen Deutschen Reiches.

Von einer vorgängigen Bezahlung der Steuer für den Gewerbebetrieb im Umherziehen ist die Ausstellung der Gewerbelegitimationskarte nicht abhängig zu machen, weil inländische Reisende nach Art. 2 Ziff. 1 des Gesetzes vom $\frac{\text{10. März 1879}}{\text{20. Dezember 1897}}$ von der Steuer vom Gewerbebetrieb im Umherziehen befreit sind und diese Befreiung bezw. das Recht der Behandlung auf dem Fuße der meistbegünstigten Nation auch den Angehörigen einer Reihe von auswärtigen Staaten zugestanden ist.

Ausländer, welche Staaten angehören, mit denen Verträge weder über Ausstellung von Legitimationskarten noch über die Behandlung auf dem Fuße der meistbegünstigten Nation abgeschlossen sind, bedürfen, auch wenn sie nur als Reisende den Geschäftsbetrieb ausüben wollen, eines Wandergewerbescheines, wie solcher für Ausländer auszustellen ist.

Die Gewerbelegitimationskarten jeder Art für Reisende werden für das betreffende Kalenderjahr ausgestellt.

Der Inhaber einer Gewerbelegitimationskarte hat Folgendes zu beachten:

a) derselbe hat die Legitimationskarte während der Ausübung des Gewerbebetriebes stets bei sich zu führen, auf Erfordern der zuständigen Behörden oder Beamten und ihrer Vollzugsorgane vorzuzeigen (§ 44a Abs. 2 u. 148 Ziff. 5 Gew.-O.);

b) der Reisende darf seine Karte nicht einem Andern überlassen;

c) der Reisende darf für andere als in der Gewerbelegitimationskarte bezeichnete Gewerbetreibende Geschäfte weder abschließen noch vermitteln (§ 44 Abs. 1 Gew.-O.);

d) der Reisende darf aufgekaufte Waaren nur behufs deren Beförderung nach dem Bestimmungsorte mit sich führen und von Waaren, auf welche er Bestellungen sucht, nur Proben oder Muster mit sich führen (§ 44 Abs. 2, § 148 Ziff. 5 Gew.-O.);

e) der Abschluß und die Vermittelung der Geschäfte darf nur für solche Zwecke geschehen, welche der in der Legitimationskarte bezeichnete Gewerbebetrieb verfolgt (§ 44 Abs. 1 Gew.-O.);

f) das Aufsuchen von Bestellungen auf Waaren mit Ausnahme von Druckschriften, anderen Schriften und Bildwerken, sowie der sonst vom Bundesrath zugelassenen Waaren darf ohne vorgängige ausdrückliche Aufforderung nur bei Kaufleuten in deren Geschäftsräumen oder bei solchen Personen geschehen, in deren Geschäftsbetriebe Waaren der angebotenen Art Verwendung finden;

g) der Aufkauf darf nur bei Kaufleuten oder bei den Produzenten der betreffenden Waaren oder in offenen Verkaufsstellen erfolgen (§ 44 Abs. 3 Gew.-O.).

Ausnahmsweise kann durch Bundesrathsbeschluß für bestimmte Waaren nicht nur das Mitsichführen von Proben und Mustern, sondern auch von Waaren, deren Abgabe an die Käufer sofort geschieht, genehmigt werden. In dieser Richtung sind durch die Bundesrathsverordnung vom 27. November 1896 folgende Ausnahmen zugelassen:

1. Gold- und Silberwaaren-Fabrikanten und -Großhändler sind befugt, auf Grund der nach § 44a ertheilten Legitimationskarte auch außerhalb des Gemeindebezirks ihrer gewerblichen Niederlassung, sofern diese im Inlande liegt, persönlich oder durch in ihrem Dienste stehende Reisende Gold- und Silberwaaren an Personen, die damit Handel treiben, feilzubieten und zu diesem Zweck mit sich zu führen, vorausgesetzt, daß die Waaren, welche sie feilbieten, übungsgemäß an die Wiederverkäufer im Stück abgesetzt werden. Dasselbe gilt von Taschenuhren-, Bijouterie- und Schildpattwaaren-Fabrikanten und -Großhändlern, sowie von Gewerbetreibenden, welche mit Edelsteinen, Perlen, Kameen und Korallen Großhandel treiben.

2. Weinhändler sind befugt, auf Grund der nach § 44a der Gew.-O. ertheilten Legitimationskarte auch außerhalb des Gemeindebezirks ihrer gewerblichen Niederlassung, sofern diese im Inlande liegt, persönlich oder durch in ihrem Dienste stehende Reisende ohne vorgängige ausdrückliche Aufforderung Bestellungen auf Wein (Traubenwein einschließlich Schaumwein) bei anderen Personen zu suchen, als bei Kaufleuten oder solchen Personen, in deren Geschäftsbetriebe Waaren der angebotenen Art Verwendung finden, sowie bei Kaufleuten an anderen Orten als in deren Geschäftsräumen. Das Gleiche gilt für den Handel mit Erzeugnissen der Leinen- und Wäschefabrikation und mit Nähmaschinen.

Der nach Zeichnung, Gewicht und Feingehalt stattfindende Handel mit silbernen Löffeln, Gabeln, Trinkbechern ꝛc. nimmt an dieser Vergünstigung nicht Theil, weil der Absatz dieser Waaren an Wiederverkäufer nicht stückweise erfolgt. Auch der Absatz von Taschenuhren an Private ist unzulässig, da das Feilbieten nur an Wiederverkäufer erfolgen darf.

Ausländer, welche die in der Bundesrathsverordnung vom 27. November 1896 II lit. B Ziff. 2 vorgeschriebene Legitimationskarte besitzen, dürfen nur Waarenmuster, niemals Waaren mit sich führen, auch dürfen dieselben ihre Waarenbestellungen nicht überall, sondern nur bei solchen Kaufleuten und Personen aufsuchen, in deren Gewerbebetrieb Waaren der angebotenen Art Verwendung finden.

Im Uebrigen wird auf die auf der Rückseite der jeweiligen Gewerbelegitimationskarten abgedruckten Verhaltungsvorschriften Bezug genommen.

§ 25.

Zuständigkeit und Verfahren.

Die Ausstellung und Zurücknahme der Gewerbelegitimationskarten erfolgt durch die Distriktspolizeibehörden, in München durch den Magistrat (§ 22 der Allerh. Verordnung v. 29. März 1892).

Im einzelnen Falle ist zuständig zur Ausstellung:

1. gegenüber Inländern diejenige Behörde, zu deren Bezirk der Niederlassungsort des betreffenden Gewerbetreibenden gehört (§ 44a Gew.-O.);

2. gegenüber Ausländern jene Behörde, in deren Bezirk der Nachsuchende seinen Gewerbebetrieb beginnen will (Bundesraths-Verordnung v. 17. November 1896 II B Ziff. 2 Abs. 3).

Zur Zurücknahme ist jene Behörde zuständig, welche die Legitimationskarte ausgestellt hat; ausgeschlossen ist die Zurücknahme solcher Legitimationskarten der Ausländer, welche im Auslande ausgestellt, aber auf Grund von Staatsverträgen auch im Deutschen Reiche Geltung haben; hier kann nur die Untersagung des Betriebes verfügt werden.

Es muß die Ausstellung einer Legitimationskarte gemäß § 44a Abs. 3 der Gew.-O. versagt werden, wenn derjenige, für welchen die Ausstellung der Karte verlangt wird:

1. mit einer abschreckenden oder ansteckenden Krankheit behaftet oder in einer abschreckenden Weise entstellt ist;

2. wenn er unter Polizeiaufsicht steht;

3. wenn er wegen strafbarer Handlungen aus Gewinnsucht, gegen das Eigenthum, gegen die Sittlichkeit, wegen vorsätzlicher Angriffe auf das Leben und die Gesundheit der Menschen, wegen Land- oder Hausfriedensbruchs, wegen Widerstands gegen die Staatsgewalt, wegen vorsätzlicher Brandstiftung, wegen Zuwiderhandlungen gegen Verbote oder Sicherheitsmaßregeln, betreffend Einführung oder Verbreitung ansteckender Krankheiten oder Viehseuchen, zu einer Freiheitsstrafe von mindestens drei Monaten verurtheilt ist und seit Verbüßung der Strafe drei Jahre noch nicht verflossen sind;

4. wenn er wegen gewohnheitsmäßiger Arbeitsscheu, Bettelei, Landstreicherei, Trunksucht übel berüchtigt ist.

Nach freiem Ermessen darf die Behörde die Ausstellung der Legitimationskarte außerdem nur dann versagen, wenn derjenige, für welchen die Karte bestimmt wäre, wegen strafbarer Handlungen aus Gewinnsucht, gegen das Eigenthum, gegen die Sittlichkeit, wegen vorsätzlicher Angriffe auf das Leben und die Gesundheit der Menschen, wegen Hausfriedensbruchs, wegen Widerstands gegen die Staatsgewalt, wegen vorsätzlicher Brandstiftung, wegen Zuwiderhandlungen gegen Verbote oder Sicherungsmaßregeln, betreffend Einführung oder Verbreitung ansteckender Krankheiten oder Viehseuchen, zu einer Freiheitsstrafe von mindestens einer Woche verurtheilt ist und seit Verbüßung der Strafe fünf Jahre noch nicht verflossen sind.

Die Zurücknahme der einem Inländer ausgestellten Legitimationskarte kann erfolgen, wenn sich ergibt, daß eine der Voraussetzungen, unter welchen ihm die Ausstellung der Legitimationskarte hätte versagt werden müssen, entweder schon vor der Ausstellung, ohne daß dies der Behörde bekannt war, vorlag oder erst hinterher eintrat, ferner wenn der Inhaber verbotswidrig außer Proben und Mustern auch andere Waaren mit sich führt, Waareneinkäufe oder Waarenbestellungen bei Personen vornimmt, bei denen ihm dies nicht gestattet ist, oder Bestellungen auf Waaren aufsucht oder Ankäufe von Waaren vornimmt, die nicht dem Zwecke des in der Legitimationskarte eingetragenen Gewerbebetriebes dienen.

Gegenüber Ausländern, denen eine deutsche Legitimationskarte ausgestellt wird, gelten bezüglich der Ertheilung, Zurücknahme und Versagung der Gewerbelegitimationskarten die nämlichen Bestimmungen wie hinsichtlich der Ertheilung, Zurücknahme und Versagung von Wandergewerbescheinen gegenüber Inländern (ausgenommen der Versagungsgrund wegen Mangel eines festen Wohnsitzes im Inlande), siehe oben § 8 und 22, Bundesrathsverordnung vom 27. November 1896 lit. B Ziff. 2 Abs. 3. Hienach sind ausländische Handelsreisende gegenüber den inländischen insbesondere insoferne ungünstiger gestellt, als ersteren die Legitimationskarte auch dann versagt oder wieder entzogen werden kann, wenn dieselben noch nicht 25 Jahre alt sind, an einem körperlichen oder geistigen Gebrechen leiden oder wenn die in § 57b Ziff. 3 und 4 der Gew.-O. bezeichneten Voraussetzungen gegeben sind.

Inländer, die um eine Legitimationskarte nachsuchen, haben in der Regel sich über ihre Identität entsprechend auszuweisen. Waren dieselben schon im vorhergehenden Jahre im Besitz einer Legitimationskarte, so kann von weiteren Erhebungen über das Nichtvorhandensein von Versagungsgründen Umgang genommen werden, zumal wenn anzunehmen ist, daß etwaige Versagungsgründe der Behörde zur Kenntniß gekommen wären. Glaubt jedoch die um Ausstellung der Legitimationskarte angegangene Behörde aus triftigen Gründen Erkundigungen einziehen zu müssen, ob nicht Versagungsgründe bestehen, so hat die Anfrage bei den betreffenden Gemeinde- und Strafregister-Behörden im Offizialverfahren mittelst einfacher Requisition zu geschehen.

Welche Ausweise von ausländischen Handelsreisenden, die in Bayern um eine Legitimationskarte nachsuchen, zu fordern seien, bleibt im Allgemeinen dem Ermessen der Distriktspolizeibehörden anheimgegeben. Jedoch sind, da Klagen über die Behandlung deutscher und insbesondere bayerischer Handelsreisender im Auslande zur Zeit nicht vorliegen, alle unnöthigen Belästigungen ausländischer Handelsreisender zu vermeiden. Bezüglich der bei Angehörigen gewisser Staaten jedenfalls für genügend zu erachtenden Ausweise wird auf die betreffenden besonderen Bestimmungen verwiesen (für Niederländer: aut. Min.=Entschl. vom 24. Dez. 1852 Nr. 12089; für Franzosen: Schlußprotokoll vom 2. August 1862, Bayer. Reg.=Bl. 1865 Beil. zu Nr. 31 S. 377, dann Min.=Entschl. vom 17. Juli 1865 Nr. 7407 und am 7. Sept. 1871 Nr. 9951, endlich Art. 18 der Zusatzkonvention vom 11. Dez. 1871 zum Frankfurter Friedensvertrage, R.=G.=Bl. 1872 S. 19).

Die Bestimmungen über das Verfahren in Rekursfällen bei Versagung oder Zurücknahme eines Wandergewerbescheines (siehe oben § 16) gelten auch bei Verbescheidung der Beschwerden wegen Versagung und Zurücknahme der Gewerbelegitimationskarten; ist der Beschwerdeführer ein Ausländer, so steht ihm lediglich der Beschwerdeweg an die unmittelbar vorgesetzte Aufsichtsbehörde offen.

§ 26.

Formulare und Benützung derselben.

Inländischen Gewerbetreibenden und deren Reisenden sind in Bayern für den in §§ 44, 44a der Gew.=O. bezeichneten Gewerbebetrieb stets Gewerbelegitimationskarten nach anruhendem Formulare Nr. IV auszufertigen (Allerh. Verordn. vom 29. März 1892 § 22 Abs. 2).

Behufs richtiger Anwendung des für Inländer bestimmten Formulars wird auf Folgendes aufmerksam gemacht:

a) die Karte ist, wenn sie auch die Ueberschrift „Gewerbelegitimationskarte für Handlungsreisende" trägt, nicht nur solchen Personen auszustellen, welche im Dienste einer fremden Firma reisen, sondern auch denjenigen selbständigen Gewerbetreibenden, welche persönlich für ihre eigene Firma Geschäfte machen wollen;

b) die Karte ist sowohl solchen Personen auszufertigen, welche nur in Bayern oder nur im Reichsgebiete Waaren aufkaufen und Waarenbestellungen suchen, als auch denjenigen, welche in Luxemburg, Belgien, Italien, Oesterreich=Ungarn, Portugal, Rumänien, Rußland, Serbien oder der Schweiz diese Geschäfte betreiben wollen;

c) auf die erste Seite sind, außer der Nummer der Karte, welche mit der entsprechenden Nummer des zu führenden Verzeichnisses (s. § 27 unten) übereinstimmen muß, Vor- und Zuname des Inhabers, Ort und Datum der Ausstellung, die Fertigung und das Siegel der ausstellenden Behörde und endlich der Betrag der erhobenen Gebühr nebst der Nummer des Gebührenregisters zu setzen;

d) die Eintragung auf der zweiten Seite hat verschieden zu lauten, je nachdem der Inhaber für seine eigene Firma oder für eine fremde Firma oder für mehrere Firmen zu reisen beabsichtigt, jedenfalls aber sind die betreffenden Firmen genau zu bezeichnen; z. B.:

„Es wird hiemit bescheinigt, daß Inhaber dieser Karte eine (Art der Fabrik oder Handlung) in . . . . . unter der Firma . . . . besitzt. Ferner wird, da Inhaber für Rechnung dieser Firma und außerdem nachfolgender Firmen:

1. . . . . . (Art der Fabrik oder Handlung) in . . . .
2. . . . . . (Art der Fabrik oder Handlung) in . . . .

Waarenbestellungen aufzusuchen und Waareneinkäufe zu machen beabsichtigt, bescheinigt, daß für den Geschäftsbetrieb vorgedachter Firma (Firmen) im hiesigen Lande die gesetzlich bestehenden Abgaben zu entrichten sind."

Oder:

„Es wird hiemit bescheinigt, daß Inhaber dieser Karte als Handlungsreisender im Dienste der Firma . . . . . . in . . . . . steht, welche eine (Art der Fabrik oder Handlung) daselbst besitzt. Ferner wird, da Inhaber für Rechnung dieser Firma und außerdem der Firma . . . . (Art der Fabrik oder Handlung) in . . . . . . Waarenbestellungen aufzusuchen und Waareneinkäufe zu machen beabsichtigt, bescheinigt, daß für den Geschäftsbetrieb vorgedachter Firma (Firmen) im hiesigen Lande die gesetzlich bestehenden Abgaben zu entrichten sind."

e) Auf der dritten Seite ist das Signalement des Inhabers einzutragen und hat derselbe seine Unterschrift beizusetzen. Die Anmerkung „Zur Beachtung" ist entsprechend auszufüllen, je nachdem der Geschäftsbetrieb für eine oder für mehrere Firmen erfolgt.

Ausländer erhalten in Bayern für das Aufkaufen von Waaren und Aufsuchen von Waarenbestellungen Legitimationskarten nach anruhendem Formulare VI (Bundesrathsverordnung vom 27. November 1896 II lit. B Ziff. 2).

Bezüglich der Verwendung dieses Formulars wird bemerkt:

a) Auf der ersten Seite sind, außer der Nummer der Karte, welche mit der entsprechenden Nummer des zu führenden Verzeichnisses (siehe § 27) übereinstimmen muß, die Zahl des Kalenderjahres, Vor- und Zuname des Inhabers, Wohnort desselben sowie die Firma oder die Firmen, für welche der Inhaber zu reisen beabsichtigt, einzutragen.

b) Die Karte ist ferner auf der ersten Seite mit der Fertigung und dem Siegel der ausstellenden Behörde zu versehen; auch ist der Betrag der erhobenen Gebühr nebst der Nummer des Gebührenregisters auf der ersten Seite zu vermerken.

c) Bei Ausfüllung der Rückseite ist obenstehende Anordnung unter lit. e zu beachten.

§ 27.

Verzeichniß der ausgestellten Ausweise.

Ueber die ausgestellten Gewerbelegitimationskarten zum Aufkauf von Waaren und Aufsuchen von Waarenbestellungen haben die Distriktspolizeibehörden ein fortlaufendes jährlich abzuschließendes Verzeichniß nach dem unter Nr. IX angefügten Formular D (§ 22 Abs. 3 der V.-V. vom 29. März 1892) zu führen.

III. Schaustellungen und Produktionen.

§ 28.

Wer Musikaufführungen, Schaustellungen, theatralische Vorstellungen oder sonstige Lustbarkeiten darbieten will, ohne daß ein höheres Interesse der Kunst oder Wissenschaft dabei obwaltet, bedarf, wenn er diese Produktionen außerhalb des Gemeindebezirkes seines Wohnortes und ohne vorgängige Bestellung (§ 55 Gew.-O.) an einem Orte von Haus zu Haus oder auf öffentlichen Wegen, Straßen, Plätzen oder an anderen öffentlichen Orten ausüben will, neben dem in § 1 Ziff. 4 gegenwärtiger Anweisung erwähnten Wandergewerbeschein auch noch jeweils der vorgängigen Erlaubniß der Polizeibehörde des Ortes, an welchem die Produktion beabsichtigt wird. In München ist zur Ertheilung dieser Erlaubniß die Polizeidirektion zuständig (§ 60a Gew.-O., § 25 Abs. 2 der Allerh. Verordnung vom 29. März 1892, Bundesrathsverordnung v. 31. Oktober 1883 II A Ziff. 3). Schauspielunternehmer müssen ferner die erforderliche Konzession besitzen (§ 32 u. 60d Abs. 4 Gew.-O.).

Auch derjenige, der im Gemeindebezirke seines Wohnortes oder seiner gewerblichen Niederlassung, also nicht auf dem Wege eines

Wandergewerbes, aber doch gewerbsmäßig Musikaufführungen, Schaustellungen, theatralische Vorstellungen oder sonstige Lustbarkeiten, ohne daß ein höheres Interesse der Kunst oder Wissenschaft dabei obwaltet, von Haus zu Haus oder auf öffentlichen Wegen, Straßen und Plätzen darbieten will, bedarf der Genehmigung der Ortspolizeibehörde, in München der Polizeidirektion (§ 33b Gew.-O., § 14 der Allerh. Verordnung v. 29. März 1892).

Wenn auch unter diese Bestimmungen der Gewerbeordnung jene Fälle nicht subsumirt werden können, in welchen auf vorgängige Bestellung und in öffentlichen Wirthshäusern Schau- und Vorstellungen der genannten Art dargeboten werden, so ist doch auch hier das Erforderniß der ortspolizeilichen Bewilligung auf Grund landespolizeilicher Vorschriften, nämlich des Art. 32 und 33 des Polizeistrafgesetzbuches und der Allerh. Verordnung vom 3. Juli 1868 die Schau- und Vorstellungen betr. (Reggs.-Bl. S. 1161) vorbehaltlich der darin zugestandenen Ausnahmefälle gegeben. (Vgl. oberstrichterliches Erkenntniß v. 3. Juni 1885, Amtsbl. des k. St.-Min. d. Innern S. 185.)

Die nach § 33b und 60a der Gewerbeordnung für Produktionen, Schauspielunternehmungen und Schaustellungen erforderliche ortspolizeiliche Erlaubniß kann in jederzeit widerruflicher Weise oder auf bestimmte Zeit und unter Bedingungen ertheilt werden.

Bei Verbescheidung der Gesuche um Produktionsbewilligungen u. s. w. ist das freie Ermessen der Ortspolizeibehörden maßgebend. Hiebei ist auf möglichste Beschränkung der Bewilligungen Bedacht zu nehmen und die Erlaubniß jedenfalls zu versagen, nicht nur wenn sicherheitsgefährliche Individuen hierum nachsuchen, sondern auch wenn Schaustellungen und Produktionen dargeboten werden wollen, welche das religiöse und Sittlichkeitsgefühl verletzen oder sonst Anstoß erregen können. Es sind deßhalb, wenn thunlich, Schaugegenstände, die vorgezeigt werden wollen, vorher zu prüfen. Im Falle der Ertheilung einer Erlaubniß ferner ist stets zu erwägen, ob nicht zugleich dem Unternehmer die Einhaltung sachgemäßer Bedingungen vorzuschreiben sei. Gibt sich im Verlaufe der Produktionen Anlaß zu Bedenken, so ist die ertheilte Erlaubniß sogleich wieder zurückzunehmen.

Gegen Beschlüsse der Ortspolizeibehörden, durch welche die Erlaubniß versagt wird, ist Beschwerde an die nächstvorgesetzte Behörde oder Stelle zulässig. Das einzuhaltende Verfahren ist das für Polizeisachen vorgeschriebene.

Die Ertheilung des nach Art. 32 und 33 des Polizeistrafgesetzbuches erforderlichen Erlaubnißscheines richtet sich nach den Vorschriften der erwähnten Allerh. Verord. v. 3. Juli 1868.

IV. Verbreitung von Schriften und Bildwerken.

§ 29.

Wer gewerbsmäßig Druckschriften oder andere Schriften oder Bildwerke auf öffentlichen Wegen, Straßen, Plätzen, oder an andern öffentlichen Orten, z. B. in Wirthshäusern, auf Bahnhöfen u. s. w., ausrufen, verkaufen, vertheilen, anheften oder anschlagen will, bedarf dazu, sei es daß er das Gewerbe selbständig oder daß er es als Gehilfe eines Andern betreiben will, eines von der Ortspolizeibehörde, in München der Polizeidirektion, zu ertheilenden besonderen Legitimationsscheines (§ 43 Gew.-O., § 21 V. V. vom 29. März 1892).

Außerdem bedarf, wer Druckschriften, andere Schriften oder Bildwerke ohne Bestellung an einem Orte feilbietet, an welchem er weder einen Wohnsitz, noch eine gewerbliche Niederlassung besitzt, eines Wandergewerbescheines (§ 55 Gew.-O., Bundesrathsverordnung vom 27. November 1896 II lit. A Ziff. 1) sowie eines von der Distriktsverwaltungsbehörde seines Wohnortes genehmigten Druckschriftenverzeichnisses, in welchem sämmtliche Druckschriften, andere Schriften und Bildwerke, mit denen hausirt werden will, eingetragen sein müssen (§ 56 letzter Abs. Gew.-O.).

Nur dann ist der Eingangs erwähnte Legitimationsschein nicht nothwendig, wenn

1. in der Zeit von der amtlichen Bekanntmachung des Tages der Wahl zu gesetzgebenden Körperschaften bis zur Beendigung des Wahlaktes Stimmzettel und Druckschriften zu Wahlzwecken vertheilt werden wollen (§ 43 Abs. 3 Gew.-O.),

2. in geschlossenen Räumen Druckschriften, andere Schriften oder Bildwerke nicht gewerbsmäßig vertheilt werden sollen (§ 43 Abs. 5 Gew.-O.).

Die Ausnahme unter 1 bezieht sich sowohl auf das gewerbsmäßige, als auch auf das nicht gewerbsmäßige Vertheilen der Stimmzettel und Druckschriften, gilt jedoch nicht für das Verkaufen, Anheften oder Anschlagen derselben. Die Ertheilung des Legitimationsscheines muß, kann und soll versagt werden, je nachdem die Voraussetzungen des § 57 Ziff. 1, 2 und 4 oder jene des § 57a oder des § 57b Ziff. 1 und 2 der Gew.-O. gegeben sind.

Eine Ausnahmebestimmung besteht für das Anheften und Anschlagen von Schriften insoferne, als die Thatsache der abschreckenden Entstellung eines Menschen für diesen Gewerbebetrieb keinen Versagungsgrund bildet.

Eine Zurücknahme des Legitimationsscheines ist nicht zulässig, weshalb mit besonderer Vorsicht bei Ausstellung des Scheines zu prüfen ist, ob keine Versagungsgründe vorliegen. Insbesondere ist auf Fernhaltung der Ausländer Bedacht zu nehmen (§ 57b Ziff. 1 Gew.-O.).

Hinsichtlich des Verfahrens bei Versagung des Legitimationsscheines haben die Vorschriften in §§ 8, 9 und 16 gegenwärtiger Anweisung sinngemäße Anwendung zu finden. Rekurse gegen Entscheidungen, durch welche die Ausstellung eines Legitimationsscheines versagt wurde, sind von den k. Kreisregierungen, Kammern des Innern, unter Einhaltung der Bestimmungen des § 20 und 21 der Gew.=O. zu verbescheiden.

Im Falle der Ertheilung der Erlaubniß im Sinne des § 43 der Gew.=O. haben sich die Ortspolizeibehörden des nachstehenden Formulars K Beilage VII zu bedienen (§ 21 Abs. 3 der Allerh. Verord. vom 29. März 1892). Wie das Formular entnehmen läßt, ist die Erlaubniß in keinem Falle für längere Zeit als für das betreffende Kalenderjahr zu ertheilen. Es wird vielfach Anlaß gegeben sein, diese Genehmigung sogar auf kürzere Zeit oder einzelne Tage zu beschränken, in welchem Falle diese Zeitbeschränkung ausdrücklich in den Legitimationsschein einzuschreiben ist.

Ueber die Ertheilung der Legitimationsscheine haben die Ortspolizeibehörden in jedem einzelnen Falle dem k. Kommissär, bezw. der mit dieser Funktion betrauten Behörde Mittheilung zu machen und außerdem fortlaufende alljährlich abzuschließende Verzeichnisse nach dem anliegenden Formulare L, Beilage X zu führen.

Der Inhaber eines nach § 43 Gew.=O. ausgestellten Legitimationsscheines hat denselben stets bei sich zu führen und auf Verlangen der zuständigen Behörde und ihrer Organe vorzuzeigen. (§§ 43, 149 Ziff. 1 Gew.=O.)

Für Ausländer gelten hinsichtlich des in § 43 der Gew.=O. bezeichneten Gewerbebetriebes die nemlichen Bestimmungen wie für Inländer vorbehaltlich anderweitiger Regelung durch die k. Kreisregierungen, Kammern des Innern, auf Grund der denselben in § 42b Abs. 4 der Gew.=O. und § 1 der Allerh. Verord. vom 29. März 1892 eingeräumten Befugniß.

Das Druckschriftenverzeichniß, welches die Hausirer neben dem Wandergewerbeschein bei sich zu tragen haben, müssen dieselben der Distriktsverwaltungsbehörde ihres Wohnortes (in München der Polizeidirektion) vor Beginn ihres Gewerbes zur Genehmigung vorlegen (§ 25 der Allerh. Verordnung vom 29. März 1892). Sämmtliche Schriften und Bildwerke, mit denen Hausirhandel getrieben werden will, müssen in demselben verzeichnet sein; nur dann, wenn diese Schriften strafrechtlich nicht zu beanstanden sind und auch in sittlicher oder in religiöser Beziehung zu einer Erinnerung keinen Anlaß geben, darf die Genehmigung für das Gebiet des ganzen Deutschen Reiches erfolgen.

Gegen die Versagung der Genehmigung des Druckschriftenverzeichnisses überhaupt oder einzelner Druckschriften oder Bildwerke desselben steht der Rekursweg offen; die Beschwerde ist von der k. Regierung,

Kammer des Innern, unter Beachtung der Vorschriften des § 20, 21 der Gew.=O. zu verbescheiden. Ausländern steht jedoch lediglich der Beschwerdeweg an die unmittelbar vorgesetzte Aufsichtsbehörde offen. (Bundesrathsverordnung vom 27. November 1896 II lit. A Ziff. 11).

Bezüglich der Kolportage auf Bahnhöfen gelten außerdem die hiefür in der autographirten Entschließung des k. Staatsministeriums des Innern vom 1. März 1881 Nr. 2085 und vom 4. Juli 1890 Nr. 9281 getroffenen besonderen Bestimmungen.

V. Hausiren am Sitze der gewerblichen Niederlassung.

§ 30.

Derjenige, welcher zum selbständigen Betriebe eines Gewerbes befugt ist, hat im Allgemeinen auch das Recht, im Gemeindebezirke seiner gewerblichen Niederlassung persönlich oder durch dritte Personen (Boten, Platzreisende 2c.) außerhalb seines Geschäftslokales im Umherziehen sein Gewerbe auszuüben. Ausnahmen bestehen nur in folgenden Richtungen:

1. Waaren, deren Ankauf oder Feilbieten im Umherziehen außerhalb des Gemeindebezirkes des Wohnortes oder der gewerblichen Niederlassung eines Gewerbetreibenden verboten ist, also sämmtliche in § 6 gegenwärtiger Anweisung aufgeführten Gegenstände dürfen von den Gewerbetreibenden auch nicht im Gemeindebezirke ihres Wohnortes oder ihrer gewerblichen Niederlassung von Haus zu Haus oder auf öffentlichen Wegen, Straßen, Plätzen oder an anderen öffentlichen Orten feilgeboten oder zum Wiederverkauf angekauft werden — ausgenommen Bier und Wein in Fässern und Flaschen und vorbehaltlich der nach § 33 der Gewerbeordnung erforderlichen Konzession für den Schankbetrieb (§ 42a Gew.=O.).

2. Kinder unter vierzehn Jahren dürfen, auch wenn eine Bestimmung nach § 42b Abs. 1 der Gew.=O. nicht getroffen ist, auf öffentlichen Wegen, Straßen, Plätzen oder an öffentlichen Orten oder ohne vorgängige Bestellung von Haus zu Haus Gegenstände nicht feilbieten. In Orten, wo ein derartiges Feilbieten durch Kinder herkömmlich ist, darf die Ortspolizeibehörde ein solches für bestimmte Zeitabschnitte, welche in einem Kalenderjahre zusammen vier Wochen nicht überschreiten dürfen, gestatten. (Art. 8 der Gewerbenovelle vom 6. August 1896.)

3. Durch die höhere Verwaltungsbehörde (Regierung, Kammer d. J.) nach Anhörung der Gemeindebehörde oder durch Beschluß der Gemeindebehörde mit Genehmigung der höheren Verwaltungsbehörde kann für die betreffenden Gemeinden bestimmt werden, daß Personen, trotzdem sie im Gemeindebezirke einen Wohnsitz oder eine gewerbliche Niederlassung inne haben, einer besonderen Erlaubniß dann

bedürfen, wenn sie innerhalb des Gemeindebezirkes auf öffentlichen Wegen, Straßen, Plätzen oder an anderen öffentlichen Orten oder ohne vorgängige Bestellung von Haus zu Haus

a) Waaren feilbieten;

b) Waaren bei anderen Personen, als bei Kaufleuten oder solchen Personen, welche die Waaren produziren oder an anderen Orten, als in offenen Verkaufsstellen zum Wiederverkauf ankaufen, oder Waarenbestellungen bei Personen, in deren Gewerbebetriebe Waaren der angebotenen Art keine Verwendung finden, aufsuchen oder

c) gewerbliche Leistungen, hinsichtlich deren dies nicht Landesgebrauch ist, anbieten wollen (§ 42b Gew.-O.).

Nicht erforderlich ist, daß diese Erlaubniß für alle unter lit. a—c erwähnten Waaren und Leistungen obligatorisch gemacht wird, sondern es kann diese Vorschrift auf einzelne Gattungen derselben sowie auf einzelne Theile des Gemeindebezirks beschränkt werden. Darüber, welche Behörde die Erlaubniß zu ertheilen hat, ist in der Regierungsentschließung und in dem Beschlusse der Gemeindebehörde ausdrückliche Bestimmung zu treffen. Die Genehmigung ist mittels Erlaubnißscheines zu ertheilen, dessen Gebührenbewerthung nach Art. 175 Ziff. 3 und 188 des Gebührengesetzes erfolgt.

Die unter Ziff. 3 erwähnte Befugniß, auch den ambulanten Gewerbebetrieb im Wohn- bezw. Niederlassungsbezirke von einer Erlaubniß abhängig zu machen, erstreckt sich jedoch nicht auf

a) rohe Erzeugnisse der Land- und Forstwirthschaft, des Garten- und Obstbaues, der Geflügel- und Bienenzucht sowie auf Erzeugnisse der Jagd und Fischerei;

b) Waaren des Wochenmarktverkehrs und gewerbliche Leistungen, deren Anbieten landesgebräuchlich ist;

c) Druckschriften, andere Schriften und Bildwerke, insoweit der Gewerbebetrieb hiemit von Haus zu Haus stattfindet;

d) Gold- und Silberwaaren-Fabrikanten oder Großhändler, Taschenuhren und Bijouterie- und Schildpattwaaren-Fabrikanten und Großhändler sowie Gewerbetreibende, welche mit Edelsteinen, Perlen, Kameen und Korallen Großhandel treiben, soferne die Waaren, welche von diesen Personen feilgeboten werden, übungsgemäß an die Wiederverkäufer im Stück abgesetzt werden.

Nur insoferne untersteht der Gewerbebetrieb mit den unter lit. a und b bezeichneten Gegenständen einem behördlichen Einwirken, als

α) der ambulante Gewerbebetrieb solchen Personen untersagt werden darf, bei denen die in § 57 Ziff. 1—4 der Gewerbeordnung bezeichneten Voraussetzungen vorliegen;

β) minderjährigen Personen, welche mit diesen Gegenständen ein Gewerbe treiben, das Feilbieten nach Sonnenuntergang, und insoferne sie dem weiblichen Geschlechte angehören, das Feilbieten von Haus zu Haus untersagt werden darf;

γ) allen Gewerbetreibenden dieser Art verboten werden kann, ohne vorgängige Erlaubniß in fremde Wohnungen einzutreten sowie zur Nachtzeit fremde Häuser und Gehöfte zu betreten.

Die Ertheilung, Versagung und Zurücknahme der Erlaubniß kann unter den nämlichen Voraussetzungen erfolgen, unter denen die Ertheilung, Versagung und Zurücknahme eines Wandergewerbescheines zu geschehen hat. Auch der Inhaber eines solchen Erlaubnißscheines ist wie jener eines Wandergewerbescheines verpflichtet, den Schein bei Ausübung des Gewerbes stets bei sich zu führen, und niemals denselben einem Anderen zu überlassen (§ 42 b Abs. 2 Gew.-O.).

Gegen die Versagung und Zurücknahme der Erlaubniß, sowie gegen die Untersagung des Betriebes steht das Rechtsmittel des Rekurses offen, welcher von den Kreisregierungen, Kammern des Innern, im Verwaltungsrechtsverfahren zu verbescheiden ist; im Falle jedoch Beschwerde wegen Beschränkung der Betriebsausübung nach Sonnenuntergang und von Haus zu Haus ergriffen wird, ist lediglich Beschwerde an die Aufsichtsbehörde zulässig.

Gegenüber Ausländern, welche eines der unter 3 lit. a—c benannten Gewerbe im Gemeindebezirke ihres inländischen Wohnortes oder ihrer inländischen Niederlassung ausüben wollen, kann durch Verfügung der k. Kreisregierungen für ihre Bezirke oder einzelne Theile derselben, ohne daß es eines Beschlusses der betheiligten Gemeinden bedarf, angeordnet werden, daß diese hiezu einer besonderen Erlaubniß bedürfen und daß bezüglich der Voraussetzungen für die Ertheilung, Versagung und Zurücknahme dieser Erlaubniß, sowie bezüglich des Verfahrens einschließlich der Beschwerdefälle die Bundesrathsverordnung vom 27. November 1896 sinngemäße Anwendung zu finden habe (§ 42 b Abs. 4 Gew.-O.).

Schließlich ist noch zu erwähnen, daß das Feilbieten von selbstgewonnenen oder rohen Erzeugnissen der Land- und Forstwirthschaft, des Garten- und Obstbaues, der Geflügel- und Bienenzucht sowie von selbstgewonnenen Erzeugnissen der Jagd und Fischerei, ferner das Feilbieten selbstverfertigter, zu den Gegenständen des Wochenmarktes gehöriger Gegenstände in der Umgegend des Wohnortes des Feilbietenden bis zu 15 Kilometer Entfernung sowie das landesübliche Anbieten gewerblicher Leistungen innerhalb vorbezeichneter Grenzen überhaupt, es mag dasselbe nach § 42, 42a oder 55 der Gew.-O. stattfinden, minderjährigen Personen durch die Ortspolizeibehörde ihres Aufenthaltsortes eventuell des Gewerbebetriebsortes für die Zeit nach Sonnenuntergang und minderjährigen Personen weiblichen Geschlechts in der Art des Umherziehens von Haus zu Haus untersagt werden kann und daß Jeder, der diese Gewerbe betreibt, ohne vorgängige

Erlaubniß nicht in fremde Wohnungen eintreten, sowie zur Nachtzeit fremde Häuser und Gehöfte nicht betreten darf (§ 60 b Abs. 2, § 60 c Abs. 2 und § 42 b Abs. 3 Gew.-O.). Gegen die minderjährigen Personen auferlegte Beschränkung dieser Art kann Beschwerde an die unmittelbar vorgesetzte Aufsichtsbehörde ergriffen werden.

VI. Gemeinsame und Schlußbestimmungen.

§ 31.

Gebühren.

Bezüglich der Gebührenbewerthung der für den Gewerbebetrieb im Umherziehen erforderlichen Genehmigungen und der Verhandlungen über die Ertheilung solcher Genehmigungen, dann bezüglich der Erhebung und Verrechnung der Gebühren wird auf das Gesetz über das Gebührenwesen in der Textirung vom 6. Juli 1892 sowie auf die ergangenen Vollzugsvorschriften, insbesondere auf:

die Allerh. Verordnung vom 20. Sept. 1879, die Ausführung des Reichs-Gerichtskostengesetzes und des Gesetzes über das Gebührenwesen betr. (Ges.- u. Verord.-Bl. 1879 S. 1195),

die Instruktion vom 21. Sept. 1879 (Amtsbl. des k. St.-M. d. Innern S. 461 ff.),

die Allerh. Verordnung vom 20. Sept. 1879, die gebührenpflichtigen Angelegenheiten der einer Distriktspolizeibehörde untergeordneten Gemeindebehörden betr. (Ges. u. Verord.-Bl. 1879 S. 1187),

endlich die Finanzministerial-Entschließung vom 1. Febr. 1881 Nr. 1442, die Ausfertigung von Legitimationsscheinen für Gesellschaften u. s. w. betr. (Finanzministerialblatt 1881 S. 84), verwiesen.

Bezüglich des Betrages der Gebühren ist Folgendes hervorzuheben:

1. Für Wandergewerbescheine jeder Art ist eine Gebühr von 2 Mark zu entrichten.

Die Gebühr für Legitimationsscheine, welche gemäß § 43 der Gew.-O. und § 21 der V.-V. vom 29. März 1892 von den einer Distriktspolizeibehörde untergeordneten Gemeindebehörden ausgestellt werden, ermäßigt sich indeß auf 1 Mark (Geb.-Ges. Art. 175 Abs. 1 Ziff. 3 und Art. 188 Abs. 1).

2. Für die Ausdehnung der Giltigkeit eines Wandergewerbescheines zum Gewerbebetrieb im Umherziehen auf einen anderen Bezirk durch die zuständige Behörde dieses Bezirkes wird eine Gebühr von 50 Pfennig erhoben (Geb.-Ges. Art. 172 Ziff. 1).

3. Die Gebühr für Gewerbelegitimationskarten der Handelsreisenden beträgt 2 Mark (Geb.-Ges. Art. 175 Abs. 1 Ziff. 2).

4. Für nachträgliche Zulassung eines Begleiters, für nachträgliche Genehmigung der Aenderung des Personalstandes einer Gesellschaft

durch Eintrag in den Kollektivwandergewerbeschein sowie für Genehmigung des Druckschriftenverzeichnisses hat die Gebührenbewerthung nach Maßgabe des Art. 169 des Gebührengesetzes zu erfolgen.

5. Für die ortspolizeiliche Erlaubniß, auf den Straßen oder sonst im Umherziehen rc. öffentlich Vor- und Schaustellungen, Musikaufführungen u. s. w. darzubieten (§ 33 b und 60 a Gew.-O.), für die ausnahmsweise Genehmigung des hausirmäßigen Feilbietens geistiger Getränke im Falle des § 56 Ziff. 1 der Gew.-O. oder anderer Waaren bei öffentlichen Festen, außergewöhnlichen Gelegenheiten rc. (§ 59 Ziff. 4 Gew.-O.) wird in der Regel eine Gebühr von 2 Mark (von den einer Distriktspolizeibehörde untergeordneten Gemeindebehörden eine Gebühr von 1 Mark) zu erheben sein (Geb.-Ges. Art. 165 und 188).

Gesuchen um einstweilige Befreiung von der Gebühr (Art. 4 des Geb.-Ges. und § 11 der V.-B. v. 20. Sept. 1879) ist nur ganz ausnahmsweise stattzugeben.

Eine besondere Formularvergütung darf zufolge Art. 190 des Gebührengesetzes von dem Empfänger des Legitimations- und Wandergewerbescheins sowie der Gewerbelegitimationskarte nicht gefordert werden und zwar auch nicht von den Gemeindebehörden, welchen, wo sie zum Bezuge der Gebühren berechtigt sind, die Herstellungskosten der Formulare zur Last fallen.

§ 32.

Herstellung der Formulare.

Die Formulare für die Wandergewerbescheine A, B und C, dann für die Gewerbelegitimationskarten der Handelsreisenden sind auch fernerhin von dem k. Staatsministerium des Innern durch Vermittelung der k. Regierungen, Kammern des Innern, zu beziehen. Der Bedarf an diesen Formularen ist von den Kreisstellen jeweils bis zum 20. September für das nächstfolgende Kalenderjahr zu bestellen. Dabei ist der noch vorhandene Vorrath von Wandergewerbescheinen und Gewerbelegitimationskarten anzugeben.

Die Gemeindebehörden haben die Herstellungskosten der von ihnen bezogenen Wandergewerbescheine (Formular A, B und C) und Gewerbelegitimationskarten für Handelsreisende der Staatskasse zu ersetzen. Diese Kosten betragen für die Formulare A und C sechs Pfennig und für das Formular B vier Pfennig per Stück. Die Vergütung für die vorgeschriebenen Formulare für die Gewerbelegitimationskarten der Handelsreisenden ist auf fünf Pfennig per Stück festgesetzt. Die Verrechnung der Formularvergütungen hat seitens der Taxämter der k. Regierungen, Kammern des Innern, im Gebühren-Register unter den Gebühren zu erfolgen (Min.-E. vom 19. Nov. 1879 Ziff. 4, Amtsbl. des k. St.-M. d. J. 1879 S. 604).

§ 33.

Schlußbemerkungen.

Die Behörden haben bei Erledigung der Gesuche um Wandergewerbescheine, Legitimationskarten, Druckschriftenverzeichnisse und ortspolizeiliche Bewilligungen für Produktionen, für Vertrieb von Preßerzeugnissen an Ort und Stelle gewissenhaft nach vorstehenden Direktiven zu verfahren und das mit der Ausfertigung der Ausweise beschäftigte Hilfspersonal hiebei sorgfältig zu kontroliren.

Ferner ist Sorge zu tragen, daß die Vollzugsorgane (Gendarmen, Polizeimannschaft, Gemeindediener) der Ueberwachung der umherziehenden Gewerbetreibenden stets die erforderliche Aufmerksamkeit widmen.

Dieselben sind insbesondere anzuweisen, jeden Unternehmer eines Gewerbes im Umherziehen, der von ihnen in Ausübung seines Gewerbes angetroffen wird, zur Vorzeigung seines Wandergewerbscheines und Besteuerungsnachweises aufzufordern und genaue Kontrole darüber zu üben, ob den bestehenden Vorschriften genügt sei (§ 18 der Vollzugsvorschriften zum Gesetze über die Besteuerung des Gewerbebetriebes im Umherziehen).

Die polizeiliche Aufsicht hat sich namentlich darauf zu erstrecken, ob nicht Personen, die zu ihrem Geschäftsbetriebe eines Wandergewerbscheines und Besteuerungsnachweises oder wenigstens eines von beiden bedürfen, ohne diese Papiere oder mit fremden Ausweisen oder mit Papieren, deren Giltigkeit abgelaufen ist, oder mit einem Wandergewerbschein, der wegen noch nicht erfolgter Abgabenzahlung bezw. Ausdehnung für den betreffenden Bezirk nicht gilt, oder mit Begleitern und Kindern, deren Mitführung im Wandergewerbschein nicht genehmigt ist, oder mit Waaren, welche im Besteuerungsnachweis nicht genannt sind oder deren An- und Verkauf im Umherziehen verboten ist, oder an Orten und Zeiten, an denen Minderjährigen bezw. Frauenspersonen das Hausiren verboten ist, oder endlich in fremden Wohnungen, Häusern und Gehöften, deren Betreten nur nach vorgängiger Erlaubniß bezw. zur Tageszeit gestattet ist, ein Gewerbe im Umherziehen betreiben.

Auch ist eine fortwährende Kontrole zu üben, ob nicht seitens nicht approbirter Personen eine hausirmäßige Ausübung der Heilkunde stattfindet, ob nicht Bestellungen auf Waaren und Vermittelungen von Geschäften im Umherziehen gesucht werden, deren hausirmäßiger Betrieb verboten ist, ob nicht die Art des Gewerbebetriebes in verbotene Formen (Lotterie, Auktion) übergeht und ob nicht ein Mitführen von Kindern zu gewerblichen Zwecken stattfindet.

Beim Wandergewerbebetrieb mit Druckschriften, anderen Schriften und Bildwerken ist insbesondere zu kontroliren, ob der Inhaber des

Wandergewerbescheines auch das genehmigte Druckschriftenverzeichniß bei sich trägt und ob derselbe nicht auch solche Preßerzeugnisse bei sich führt, welche in diesem Verzeichnisse gar nicht eingetragen sind, insbesondere Druckschriften verbotenen oder strafbaren Inhaltes, unsittliche Schriften oder Bilder. Die Vollzugsorgane sind ferner anzuweisen, unverzüglich Anzeige zu erstatten, sobald sie wahrnehmen, daß ausländische Hausirer ein Verhalten zeigen, welches zu polizeilichen Bedenken Anlaß gibt oder daß inländische Hausirer sich derartiger Ueberschreitungen ihrer Verhaltungsmaßregeln (siehe oben § 20) schuldig machen, welche die Berechtigung zur Zurücknahme des Wandergewerbescheines geben.

Gegenüber den Handelsreisenden hat sich die Kontrole nicht nur darauf zu beziehen, ob sie den vorgeschriebenen Ausweis mit sich führen, sondern auch und zwar hauptsächlich darauf, ob sie nicht in verbotener Weise Waaren unterwegs verkaufen oder solche Waaren ankaufen und Bestellungen auf solche Waaren entgegennehmen, die dem Zwecke ihres in der Legitimationskarte bezeichneten Gewerbebetriebes gar nicht dienen, oder Bestellungen bei Privatpersonen aufsuchen, wozu sie eines Wandergewerbescheines bedürfen.

Gegenüber Ausländern ist die Kontrole noch weiter dahin auszudehnen, ob dieselben nicht den Waarenaufkauf in verbotener Weise auch bei Nicht-Kaufleuten, in nicht offenen Verkaufsstellen oder bei Nichtproduzenten der Waare bethätigen und ob sie nicht Waarenbestellungen auch bei Privatpersonen oder bei Kaufleuten suchen, in deren Gewerbebetriebe Waaren der angebotenen Art gar keine Verwendung finden.

Bei Personen, welche angeben, daß sie eines Wandergewerbescheines nicht bedürfen, weil sie am betreffenden Orte eine gewerbliche Niederlassung oder in einer Entfernung von weniger als 15 Kilometer ihren Wohnsitz haben oder weil sie solche Waaren, deren hausirmäßiger Betrieb freigegeben sei, feilbieten, ist in Zweifelsfällen die Prüfung der Richtigkeit dieser Angabe, bezw. der erfolgten Gewerbsanmeldung und Steuerzahlung nach den hierüber bestehenden oder ergehenden besonderen Vorschriften zu veranlassen.

Bei umherziehenden Musikanten, Budenbesitzern u. dgl. endlich ist hauptsächlich zu beachten, daß sie die Bedingungen der erforderlichen ortspolizeilichen Erlaubniß nicht überschreiten und bei ihren Produktionen und Schaustellungen den Anstand nicht verletzen.

§ 34.

Im Falle der Ermittelung von Zuwiderhandlungen gegen die Vorschriften über den umherziehenden Gewerbebetrieb ist von den Polizeiorganen nach den einschlägigen allgemeinen gesetzlichen Bestimmungen, von denen insbesondere der Art. 102 des Ausführungsgesetzes zur Reichsstrafprozeßordnung hervorgehoben wird, zu verfahren.

Bei Zuwiderhandlungen gegen die Bestimmungen des Gesetzes über die Besteuerung des Gewerbebetriebes im Umherziehen jedoch kommen die Bestimmungen der gemeinschaftlichen Bekanntmachung der k. Staatsministerien des Innern, Abtheilung für Landwirthschaft, Gewerbe und Handel, und der Finanzen vom 25. Oktober 1879 (Ges.=u. Verord.=Bl. S. 1467 ff.) zur Anwendung, namentlich folgende:

a) die Kontraventionen sind demjenigen Rentamte zur Anzeige zu bringen, innerhalb dessen Bezirk die betreffende Verfehlung entdeckt wird;

b) wenn Unternehmer von umherziehend betriebenen Gewerben in Ausübung der nach Art. 16 und 17 des Gesetzes strafbaren Handlungen auf frischer That betroffen werden, so sind dieselben, soferne sie sich über ihre Person nicht befriedigend auszuweisen vermögen oder die Festnahme nöthig ist, um die Fortsetzung der strafbaren That zu verhindern, vorläufig festzunehmen und nebst den zum Gewerbebetrieb im Umherziehen mitgeführten Gegenständen dem Rentamte behufs Feststellung des Thatbestandes vorzuführen;

c) der auf frischer That ergriffene Beschuldigte kann behufs Feststellung des Thatbestandes auch der Staatsanwaltschaft oder dem Amtsrichter vorgeführt werden, soferne er ausdrücklich darauf anträgt und der Sitz des Rentamtes weiter entlegen ist als der Amtsgerichtssitz; dem einschlägigen Rentamte ist gleichzeitig von dem Vorfalle Anzeige zu erstatten;

d) soferne der Verbringung der zum Gewerbebetrieb im Umherziehen mitgeführten Gegenstände an das Rentamt besondere Hindernisse entgegenstehen, so sind dieselben auf Anregung des mit der Vorführung des Beschuldigten befaßten Aufsichtsorgans vorbehaltlich weiterer rentamtlicher Verfügung von dem Vorstande jener Gemeinde, in deren Bezirk der Beschuldigte betreten wurde, in Verwahrung zu nehmen; in solchen Fällen ist dem Rentamte lediglich ein Verzeichniß der beschlagnahmten Gegenstände einzuliefern.

§ 35.

Vorstehende Instruktion tritt an Stelle der der Ministerial-Entschließung vom 1. Juli 1890 (Amtsbl. des k. St.=Min. d. J. 1890 S. 263) beigegebenen Anweisung.

Beilage I.

1. Personenbeschreibung:
   a) Vor- und Zuname?
      Tag der Geburt?
      Geburtsort?
      Wohnort?
      Staatsangehörigkeit?
   b) Gestalt?
      Augen?
      Haar?
      Besondere Kennzeichen?
2. Welches ist die Art des beabsichtigten Wandergewerbes?
3. Ist der Nachsuchende mit einer abschreckenden oder ansteckenden Krankheit behaftet oder in einer abschreckenden Weise entstellt?

   Ist er blind, taub, stumm oder geistesschwach?
4. Steht der Nachsuchende unter Polizeiaufsicht?

   Ist er wegen gewohnheitsmäßiger Arbeitsscheu, Bettelei, Landstreicherei, Trunksucht übel berüchtigt?
5. Ist der Nachsuchende
   a) im Laufe der letzten drei Jahre wegen Verletzung der auf den Gewerbebetrieb im Umherziehen bezüglichen Vorschriften bestraft und wie oft?
   b) bereits zu einer Freiheitsstrafe von mindestens einer Woche verurtheilt; wegen welcher Handlungen ist er verurtheilt und zu welcher Strafe?
6. Hat der Nachsuchende einen festen Wohnsitz?
7. Hat der Nachsuchende Kinder und in welchem Alter stehen dieselben?
8. Welche Personen beabsichtigt der Nachsuchende beim Gewerbebetriebe im Umherziehen mitzuführen?

   (Hier ist die Personenbeschreibung (Frage 1 a und b) einer jeden mitzuführenden Person sowie, wenn sie beim Wandergewerbe mitwirken soll, die Zweckbestimmung der Mitführung anzugeben.)

9. Wie sind die Fragen zu Ziffer 3, 4 und 5 hinsichtlich der mitzuführenden Personen zu beantworten?

10. Für den Fall, daß Kinder unter vierzehn Jahren **mitgeführt** werden sollen:
   a) Liegt Grund zu der Annahme vor, daß die körperliche Pflege der Kinder durch die Mitführung beeinträchtigt werden wird?
   b) Sind die Kinder, welche mitgeführt werden sollen, schulpflichtig, und in welcher Weise ist für ihren Unterricht gesorgt?

11. Für den Fall, daß **fremde** Kinder unter vierzehn Jahren mitgeführt werden sollen:

   Welche besonderen Gründe sprechen ausnahmsweise für die Genehmigung dieser Mitführung?

12. Für den Fall, daß der Gewerbetreibende Kinder unter vierzehn Jahren hat, welche **nicht** mitgeführt werden sollen:

   In welcher Weise ist für den Unterhalt der Kinder und für den Unterricht der Schulpflichtigen unter ihnen gesorgt?

13. Für den Fall, daß der Nachsuchende das 25. Lebensjahr noch nicht vollendet hat:

   Ist er der Ernährer einer Familie und bereits 4 Jahre im Wandergewerbe thätig gewesen?

Die pflichtmäßige Beantwortung vorstehender Fragen wird hiedurch bescheinigt.

(Ort und Datum.)

(Bezeichnung und Unterschrift der Behörde.)

Beilage II.

Formular A
für Inländer und Ausländer
in den Fällen des § 55 Ziffer 4
der Gewerbeordnung.

(Seite 1 des Formulars.)

A Nur für das Jahr 1......... Nr...............

Nur für die Zeit vom.............................. bis...............................

Nur für folgende Tage:

Wandergewerbeschein

gültig, vorbehaltlich der Entrichtung der Landessteuern, zunächst nur für den Bezirk...,

für andere Bezirke erst, wenn er darauf ausgedehnt ist.

....

wohnhaft zu ....

staatsangehörig in ....

ist befugt, unter Mitführung der umstehend bezeichneten Personen, ...

....

....

....

....

..............................., den.......................................1.......

Bemerkung. Die Formulare A, B, C werden in Buchform ausgefertigt, Formular A auf gelbem, B auf grauem, C auf rothem Papier. Der Abdruck dieser Formulare ist nur für den Wortlaut maßgebend.

(Seite 2.)

Beschreibung der Person des Inhabers.

Gestalt: .... Augen: .... Haar: ....

Alter: .... Besondere Kennzeichen: ....

.... Unterschrift: ....

Zur Mitführung sind folgende Personen zugelassen:

1. .... aus ....

Gestalt: .... Augen: .... Haar: ....

Alter: .... Besondere Kennzeichen: ....

.... Unterschrift: ....

2. .... aus ....

Gestalt: .... Augen: .... Haar: ....

Alter: .... Besondere Kennzeichen: ....

.... Unterschrift: ....

3. .... aus ....

Gestalt: .... Augen: .... Haar: ....

Alter: .... Besondere Kennzeichen: ....

.... Unterschrift: ....

(Seite 3 bis 14 leeres Papier.)

(Seite 15.)

Bescheinigung über die Entrichtung der Landessteuern, soweit dieserhalb nicht eine besondere Bescheinigung ertheilt wird.

Besteuerungs-Nachweis

für ....

aus ...., welche ...... den

Betrieb nachstehenden Gewerbes im Umherziehen beabsichtiget:

....

....

Normalanlage nach Tar.-Nr. .... ℳ ₰

Betriebsanlage für .... ℳ ₰

Summe . . . . ℳ ₰

Bezahlt sind:

ℳ ₰ Steuer für das Jahr ....

ℳ ₰ Kreisumlage nach .... Prozent

ℳ ₰ Summe.

.............................., den ....

Königliches Rentamt.

Die Gemeinde- und Distriktsumlagen sind

(Seite 16.)

bezahlt mit:

Die Gebühr zu 2 ℳ (Geb.-Reg.-Nr. ....) ist bezahlt.

.............................., den ....

(Auf der Innenseite des Umschlags.)

Zur Beachtung.

Der Inhaber dieses Scheines hat bei dem Gewerbebetriebe die reichs- und landesgesetzlichen Vorschriften zu beobachten. Insbesondere:

1. Er hat den Schein während der Ausübung des Gewerbebetriebes stets bei sich zu führen, auf Erfordern der zuständigen Behörden oder Beamten vorzuzeigen und, sofern er hierzu nicht im Stande ist, auf deren Geheiß den Betrieb bis zur Herbeischaffung des Scheines einzustellen. Er darf den Schein Anderen nicht überlassen.
2. Er darf bei dem Gewerbebetriebe keine Person mit sich führen, die in dem Scheine nicht genannt ist.
3. Mit anderen als den auf der ersten Seite des Scheines bezeichneten Leistungen darf das Gewerbe nicht betrieben werden.
4. In einem anderen, als dem auf der ersten Seite des Scheines genannten Bezirke darf der Inhaber das Gewerbe nicht betreiben, bevor ihm durch einen Vermerk der zuständigen Behörde in dem Scheine solches gestattet ist.
5. Bevor der Inhaber den Gewerbebetrieb an einem Orte von Haus zu Haus oder auf öffentlichen Wegen, Straßen, Plätzen oder an anderen öffentlichen Orten (z. B. öffentlich in Wirthshäusern) beginnt, hat er die Erlaubniß der Ortspolizeibehörde einzuholen.
6. Zum Zwecke des Gewerbebetriebes ist ohne vorgängige Erlaubniß der Eintritt in fremde Wohnungen, sowie zur Nachtzeit das Betreten fremder Häuser und Gehöfte nicht gestattet.
7. In jedem Bundesstaate muß der Inhaber dieses Scheines, bevor er den Gewerbebetrieb beginnt, den für den Staat geltenden Steuervorschriften genügt haben. Insbesondere hat er die Landessteuern (Steuern, Gebühren und sonstige Abgaben) zu entrichten.

Beilage III.

Formular B
für Inländer.

(Seite 1 des Formulars.)

B Nur für das Jahr 1......... Nr..............

Wandergewerbeschein

gültig, vorbehaltlich der Entrichtung der Landessteuern, für das ganze Reichsgebiet.

....

wohnhaft zu ....

staatsangehörig in ....

ist befugt, unter Mitführung der umstehend bezeichneten Personen,

....

....

....

....

....

....

.............................., den .... 1......

(Seite 2.)

Beschreibung der Person des Inhabers.

Gestalt: .... Augen: .... Haar: ....

Alter: .... Besondere Kennzeichen: ....

.... Unterschrift: ....

Zur Mitführung sind folgende Personen zugelassen:

1. .... aus ....

Gestalt: .... Augen: .... Haar: ....

Alter: .... Besondere Kennzeichen: ....

.... Unterschrift: ....

2. .... aus ....

Gestalt: .... Augen: .... Haar: ....

Alter: .... Besondere Kennzeichen: ....

.... Unterschrift: ....

3. .... aus ....

Gestalt: .... Augen: .... Haar: ....

Alter: .... Besondere Kennzeichen: ....

.... Unterschrift: ....

(Seite 3 bis 6 leeres Papier.)

(Seite 7.)

Bescheinigung über die Entrichtung der Landessteuern, soweit dieserhalb nicht eine besondere Bescheinigung ertheilt wird.

Besteuerungs-Nachweis

für ....

aus ...., welche ..... den

Betrieb nachstehenden Gewerbes im Umherziehen beabsichtiget:

....

....

Normalanlage nach Tar.-Nr. .... ℳ ₰

Betriebsanlage für .... ℳ ₰

Summe . . . . ℳ ₰

Bezahlt sind:

ℳ ₰ Steuer für das Jahr ....

ℳ ₰ Kreisumlage nach .... Prozent

ℳ ₰ Summe.

.........................., den ....

Königliches Rentamt.

Die Gemeinde- und Distriktsumlagen sind

(Seite 8.)

bezahlt mit:

Gebühr (Geb.-Reg.-Nr. ....) bezahlt mit 2 ℳ — ₰

Die Abgabe nach der Verordnung vom 29. März 1892 bezahlt für d...... Ort ....

....

.... mit ℳ ₰

für d....... Verwaltungsbezirk ....

....

.... mit ℳ ₰

für d....... Regierungsbezirk ....

.... mit ℳ ₰

Summe . . . . ℳ ₰

..........................., den ....

(Auf der Innenseite des Umschlags.)

Zur Beachtung.

Der Inhaber dieses Scheines hat bei dem Gewerbebetriebe die reichs- und landesgesetzlichen Vorschriften zu beobachten. Insbesondere:

1. Er hat den Schein während der Ausübung des Gewerbebetriebes stets bei sich zu führen, auf Erfordern der zuständigen Behörden oder Beamten vorzuzeigen und, sofern er hierzu nicht im Stande ist, auf deren Geheiß den Betrieb bis zur Herbeischaffung des Scheines einzustellen. Er darf den Schein Anderen nicht überlassen.
2. Er darf bei dem Gewerbebetriebe keine Person mit sich führen, die in dem Scheine nicht genannt ist.
3. Er darf mit anderen als den auf der ersten Seite des Scheines bezeichneten Waaren und Leistungen das Gewerbe nicht betreiben.

Ausgeschlossen vom Ankauf oder Feilbieten im Umherziehen sind: geistige Getränke, soweit nicht das Feilbieten derselben von der Ortspolizeibehörde im Falle besonderen Bedürfnisses vorübergehend gestattet ist; gebrauchte Kleider, gebrauchte Wäsche, gebrauchte Betten und gebrauchte Bettstücke, insbesondere Bettfedern, Menschenhaare, Garnabfälle, Enden und Dräumen von Seide, Wolle, Leinen oder Baumwolle; Gold- und Silberwaaren, Bruchgold und Bruchsilber, sowie Taschenuhren; Spielkarten; Staats- und sonstige Werthpapiere, Lotterieloose, Bezugs- und Antheilsscheine auf Werthpapiere und Lotterieloose; explosive Stoffe, insbesondere Feuerwerkskörper, Schießpulver und Dynamit; solche mineralische und andere Oele, welche leicht entzündlich sind, insbesondere Petroleum, sowie Spiritus; Stoß-, Hieb- und Schußwaffen; Gifte und gifthaltige Waaren, Arznei- und Geheimmittel; Bäume aller Art, Sträucher, Schnitt-, Wurzel-Reben, Futtermittel und Sämereien, mit Ausnahme von Gemüse- und Blumensamen; Schmucksachen, Bijouterien, Brillen und optische Instrumente; soweit nicht gemäß § 56b Abs. 1 der Gewerbeordnung einzelne dieser Waaren zugelassen sind.

Ausgeschlossen vom Feilbieten und Aufsuchen von Bestellungen im Umherziehen sind ferner: Druckschriften, andere Schriften und Bildwerke, insofern sie in sittlicher oder religiöser Beziehung Aergerniß zu geben geeignet sind, oder mittelst Zusicherung von Prämien oder Gewinnen vertrieben werden, oder in Lieferungen erscheinen, wenn nicht der Gesammtpreis auf jeder einzelnen Lieferung an einer in die Augen fallenden Stelle bestimmt verzeichnet ist.

Endlich sind von dem Gewerbebetriebe im Umherziehen ausgeschlossen: die Ausübung der Heilkunde, insoweit der Ausübende für dieselbe nicht approbirt ist; das Aufsuchen sowie die Vermittelung von Darlehnsgeschäften und von Rückkaufsgeschäften ohne vorgängige

Bestellung, ferner das Aufsuchen von Bestellungen auf Staats- und sonstige Werthpapiere, Lotterieloose und Bezugs- und Antheilscheine auf Werthpapiere und Lotterieloose; das Aufsuchen von Bestellungen auf Branntwein und Spiritus bei Personen, in deren Gewerbebetriebe dieselben keine Verwendung finden; das Feilbieten von Waaren, sowie das Aufsuchen von Bestellungen auf Waaren, wenn solche gegen Theilzahlungen unter dem Vorbehalt veräußert werden, daß der Veräußerer wegen Nichterfüllung der dem Erwerber obliegenden Verpflichtungen von dem Vertrage zurücktreten kann (§§ 1 und 6 des Gesetzes, betreffend die Abzahlungsgeschäfte, vom 16. Mai 1894).

4. Im Zollgrenzbezirk ist für den Handel im Umherziehen noch besondere Erlaubniß nöthig; in der Erlaubniß werden das Gebiet und die Waaren, für welche sie gilt, ausdrücklich bezeichnet.

5. Zum Zwecke des Gewerbebetriebes ist ohne vorgängige Erlaubniß der Eintritt in fremde Wohnungen, sowie zur Nachtzeit das Betreten fremder Häuser und Gehöfte nicht gestattet.

6. In jedem Bundesstaate muß der Inhaber dieses Scheines, bevor er den Gewerbebetrieb beginnt, den für den Staat geltenden Steuervorschriften genügt haben. Insbesondere hat er die Landessteuern (Steuern, Gebühren und sonstige Abgaben) zu entrichten.

7. Wer Druckschriften, andere Schriften oder Bildwerke im Umherziehen feilbieten will, hat ein Verzeichniß derselben der zuständigen Verwaltungsbehörde seines Wohnortes zur Genehmigung vorzulegen. Der Gewerbetreibende darf nur die in dem genehmigten Verzeichnisse enthaltenen Druckschriften, anderen Schriften oder Bildwerke bei sich führen, und ist verpflichtet, das Verzeichniß während der Ausübung des Gewerbebetriebes bei sich zu führen, auf Erfordern der zuständigen Behörden oder Beamten vorzuzeigen und, sofern er hierzu nicht im Stande ist, auf deren Geheiß den Betrieb bis zur Herbeischaffung des Verzeichnisses einzustellen.

Beilage IV.

Formular C
für Ausländer.

(Seite 1 des Formulars.)

C Nur für das Jahr 1......... Nr. ....

Nur für die Zeit vom .... bis ....

Nur für folgende Tage:

Wandergewerbeschein

gültig, vorbehaltlich der Entrichtung der Landessteuern, zunächst nur für den Bezirk ....,
für andere Bezirke erst, wenn er darauf ausgedehnt ist.

....

wohnhaft zu ....,

staatsangehörig in ....,

ist befugt, unter Mitführung der umstehend bezeichneten Personen,

....

....

....

....

.............................., den .... 18......

(Seite 2.)

Beschreibung der Person des Inhabers.

Gestalt: .... Augen: .... Haar: ....

Alter: .... Besondere Kennzeichen: ....

.... Unterschrift: ....

Zur Mitführung sind folgende Personen zugelassen:

1. .... aus ....

Gestalt: .... Augen: .... Haar: ....

Alter: .... Besondere Kennzeichen: ....

.... Unterschrift: ....

2. .... aus ....

Gestalt: .... Augen: .... Haar: ....

Alter: .... Besondere Kennzeichen: ....

.... Unterschrift: ....

3. .... aus ....

Gestalt: .... Augen: .... Haar: ....

Alter: .... Besondere Kennzeichen: ....

.... Unterschrift: ....

(Seite 3 bis 14 leeres Papier.)

(Seite 15.)

Bescheinigung über die Entrichtung der Landessteuern, soweit dieserhalb nicht eine besondere Bescheinigung ertheilt wird.

Besteuerungs-Nachweis

für ....

aus ...., welche..... den

Betrieb nachstehenden Gewerbes im Umherziehen beabsichtiget:

....

....

Normalanlage nach Tar.-Nr. .... ℳ ₰

Betriebsanlage für .... ℳ ₰

Summe . . . . ℳ ₰

Bezahlt sind:

ℳ ₰ Steuer für das Jahr..............

ℳ ₰ Kreisumlage nach .... Prozent

ℳ ₰ Summe.

........................., den ....

Königliches Rentamt.

Die Gemeinde- und Distriktsumlagen sind

(Seite 16.)

bezahlt mit:

Gebühr (Geb.=Reg.=Nr. ....) bezahlt mit	2 ℳ	— ₰
Die Abgabe nach der Verordnung vom 29. März 1892 bezahlt für d...... Ort		
....		
.... mit	ℳ	₰
für d...... Verwaltungsbezirk		
....		
.... mit	ℳ	₰
für d...... Regierungsbezirk		
.... mit	ℳ	₰
Summe	ℳ	₰

........................., den ....

(Auf der Innenseite des Umschlags.)

Zur Beachtung.

Der Inhaber dieses Scheines hat bei dem Gewerbebetriebe die reichs- und landesgesetzlichen Vorschriften zu beobachten. Insbesondere:

1. Er hat den Schein während der Ausübung des Gewerbebetriebes stets bei sich zu führen, auf Erfordern der zuständigen Behörden oder Beamten vorzuzeigen und, sofern er hierzu nicht im Stande ist, auf deren Geheiß den Betrieb bis zur Herbeischaffung des Scheines einzustellen. Er darf den Schein Anderen nicht überlassen.

2 Er darf bei dem Gewerbebetriebe keine Person mit sich führen, die in dem Scheine nicht genannt ist.

3. Er darf mit anderen als den auf der ersten Seite des Scheines bezeichneten Waaren und Leistungen das Gewerbe nicht betreiben.

Ausgeschlossen vom Ankauf oder Feilbieten im Umherziehen sind: geistige Getränke, soweit nicht das Feilbieten derselben von der Ortspolizeibehörde im Falle besonderen Bedürfnisses vorübergehend gestattet ist; gebrauchte Kleider, gebrauchte Wäsche, gebrauchte Betten und gebrauchte Bettstücke, insbesondere Bettfedern, Menschenhaare, Garnabfälle, Enden und Dräumen von Seide, Wolle, Leinen oder Baumwolle; Gold- und Silberwaaren, Bruchgold und Bruchsilber, sowie Taschenuhren; Spielkarten; Staats- und sonstige Werthpapiere, Lotterieloose, Bezugs- und Antheilscheine auf Werthpapiere und Lotterieloose; explosive Stoffe, insbesondere Feuerwerkskörper, Schießpulver und Dynamit; solche mineralische und andere Oele, welche leicht entzündlich sind, insbesondere Petroleum, sowie Spiritus; Stoß-, Hieb- und Schußwaffen; Gifte und gifthaltige Waaren, Arznei- und Geheimmittel; Bäume aller Art, Sträucher, Schnitt-, Wurzel-Reben, Futtermittel und Sämereien, mit Ausnahme von Gemüse- und Blumensamen; Schmucksachen, Bijouterien, Brillen und optische Instrumente; soweit nicht gemäß § 56b Abs. 1 der Gewerbeordnung einzelne dieser Waaren zugelassen sind.

Ausgeschlossen vom Feilbieten und Aufsuchen von Bestellungen im Umherziehen sind ferner: Druckschriften, andere Schriften und Bildwerke, insofern sie in sittlicher oder religiöser Beziehung Aergerniß zu geben geeignet sind, oder mittelst Zusicherung von Prämien oder Gewinnen vertrieben werden, oder in Lieferungen erscheinen, wenn nicht der Gesammtpreis auf jeder einzelnen Lieferung an einer in die Augen fallenden Stelle bestimmt verzeichnet ist.

Endlich sind von dem Gewerbebetriebe im Umherziehen ausgeschlossen: die Ausübung der Heilkunde, insoweit der Ausübende für dieselbe nicht approbirt ist; das Aufsuchen sowie die Vermittelung von Darlehnsgeschäften und von Rückkaufsgeschäften ohne vorgängige

Bestellung, ferner das Aufsuchen von Bestellungen auf Staats- und sonstige Werthpapiere, Lotterieloose und Bezugs- und Antheilscheine auf Werthpapiere und Lotterieloose; das Aufsuchen von Bestellungen auf Branntwein und Spiritus bei Personen, in deren Gewerbebetriebe dieselben keine Verwendung finden; das Feilbieten von Waaren, sowie das Aufsuchen von Bestellungen auf Waaren, wenn solche gegen Theilzahlungen unter dem Vorbehalt veräußert werden, daß der Veräußerer wegen Nichterfüllung der dem Erwerber obliegenden Verpflichtungen von dem Vertrage zurücktreten kann (§§ 1 und 6 des Gesetzes, betreffend die Abzahlungsgeschäfte, vom 16. Mai 1894).

4. In einem anderen, als dem auf der ersten Seite des Scheines genannten Bezirke darf der Inhaber das Gewerbe nicht betreiben bevor ihm durch einen Vermerk der zuständigen Behörde in dem Scheine solches gestattet ist.

5. Im Zollgrenzbezirk ist für den Handel im Umherziehen noch besondere Erlaubniß nöthig; in der Erlaubniß werden das Gebiet und die Waaren, für welche sie gilt, ausdrücklich bezeichnet.

6. Zum Zwecke des Gewerbebetriebes ist ohne vorgängige Erlaubniß der Eintritt in fremde Wohnungen, sowie zur Nachtzeit das Betreten fremder Häuser und Gehöfte nicht gestattet.

7. In jedem Bundesstaate muß der Inhaber dieses Scheines, bevor er den Gewerbebetrieb beginnt, den für den Staat geltenden Steuervorschriften genügt haben. Insbesondere hat er die Landessteuern (Steuern, Gebühren und sonstige Abgaben) zu entrichten.

8. Wer Druckschriften, andere Schriften oder Bildwerke im Umherziehen feilbieten will, hat ein Verzeichniß derselben der zuständigen Verwaltungsbehörde seines Wohnortes zur Genehmigung vorzulegen. Der Gewerbetreibende darf nur die in dem genehmigten Verzeichnisse enthaltenen Druckschriften, anderen Schriften oder Bildwerke bei sich führen, und ist verpflichtet, das Verzeichniß während der Ausübung des Gewerbebetriebes bei sich zu führen, auf Erfordern der zuständigen Behörden oder Beamten vorzuzeigen und, sofern er hierzu nicht im Stande ist, auf deren Geheiß den Betrieb bis zur Herbeischaffung des Verzeichnisses einzustellen.

Beilage V.

1. Seite.

Für das Jahr 1898.	**Gewerbe-Legitimationskarte für Handlungsreisende**	No. der Karte ....

(Königreich Bayern Wappen)

Gültig im Deutschen Reich und in Luxemburg, in Belgien, Italien, Oesterreich-Ungarn, Rumänien, Russland, in der Schweiz und in Serbien, sowie bis auf Weiteres in Portugal.

Inhaber:

....

...................................., den .... 189....

....

....

2. Seite.

Es wird hiermit bescheinigt, dass Inhaber dieser Karte ....

....

....

....

....

....

Ferner wird, da Inhaber für Rechnung dieser Firma ....

....

....

....

....

Waarenbestellungen aufzusuchen und Waarenankäufe zu machen beabsichtigt, bescheinigt, dass für den Gewerbebetrieb vorgedachter Firm.... im hiesigen Lande die gesetzlich bestehenden Abgaben zu entrichten sind.

3. Seite.

Bezeichnung der Person des Inhabers:

Alter: .... **Gestalt:** .... **Haare:** ....

Besondere Kennzeichen: ....

....

Unterschrift: ....

Zur Beachtung.

Inhaber dieser Karte ist ausschliesslich im Umherziehen und ausschliesslich für Rechnung der vorgedachten Firm..... berechtigt, Waarenbestellungen aufzusuchen und Waareneinkäufe zu machen. Er darf nur Waarenmuster, aber keine Waaren mit sich führen. Ausserdem hat er die in jedem Staate gültigen Vorschriften zu beachten; insbesondere umstehende.

---

4. Seite.

1. Für das Deutsche Reich und Luxemburg.

Inhaber deutscher oder luxemburgischer Legitimationskarten sind befugt, beim Waarenankauf die aufgekauften Waaren behufs deren Beförderung nach dem Bestimmungsorte mit sich zu führen.

Das Aufkaufen von Waaren darf in Deutschland nur bei Kaufleuten oder solchen Personen, welche die Waaren produziren, oder in offenen Verkaufsstellen erfolgen. Ingleichen darf das Aufsuchen von Bestellungen auf Waaren, mit Ausnahme von Druckvorschriften, anderen Schriften und Bildwerken und, soweit nicht der Bundesrath noch für andere Waaren oder Gegenden oder Gruppen von Gewerbetreibenden Ausnahmen zulässt, ohne vorgängige ausdrückliche Aufforderung nur bei Kaufleuten in deren Geschäftsräumen oder bei solchen Personen geschehen, in deren Geschäftsbetriebe Waaren der angebotenen Art Verwendung finden. Inhaber ist verpflichtet, die Karte während der Ausübung des Gewerbebetriebes bei sich zu führen, auf Erfordern der zuständigen Behörden oder Beamten vorzuzeigen und, sofern er hierzu nicht im Stande ist, auf deren Geheiss den Betrieb bis zur Herbeischaffung der Karte einzustellen. Er darf dieselbe Anderen nicht überlassen.

In Luxemburg dürfen Bestellungen nur bei Personen gesucht werden, welche mit Waaren, deren Muster der Inhaber dieser Karte bei sich führt, Handel treiben oder diese Waaren in der Ausübung ihres Gewerbes gebrauchen.

2. Für Oesterreich-Ungarn.

Ein Handlungsreisender hat nur das Recht, mit Kaufleuten, Fabrikanten und Gewerbsleuten in Gegenständen des beiderseitigen Geschäftsbetriebes Geschäfte anzuknüpfen, ihnen zu diesem Behufe Waarenmuster zur Einsicht vorzulegen und Preise der Waaren seiner Vollmachtgeber mitzutheilen, von ihnen Bestellungen auf solche Waaren anzunehmen und gemachte Bestellungen an seine Kommittenten zu überschreiben, sowie für Rechnung derselben Einkäufe zu machen.

Derselbe ist dagegen nicht berechtigt, Geschäfte für Rechnung anderer als des eigenen oder des Vollmacht gebenden Handels- oder Fabrikhauses und Gewerbeunternehmers einzuleiten oder abzuschliessen. Er darf sich nicht durch einen Andern vertreten lassen, sondern hat die Geschäfte persönlich zu betreiben und es ist ihm nicht gestattet, ausser den Mustern noch andere Waaren mit sich zu führen, Waarenlager oder Magazine zu halten, irgend einen Waarenverschleiss zu treiben und in Agenturgeschäfte mit Personen zu treten, welche dem Handels- oder Fabrikstande nicht angehören.

Zusatz für Ungarn: Die Beschränkungen des Rechts der Handlungsreisenden auf den Verkehr mit Kaufleuten und Gewerbetreibenden haben in Ungarn derzeit bis auf weitere Verfügung keine Geltung.

---

5. Seite.

3. Für die Schweiz.

Ein Handlungsreisender, welcher Bestellungen annimmt, bedarf neben der Gewerbelegitimationskarte einer Ausweiskarte. Diese wird unentgeltlich in demjenigen Kanton ausgestellt, welchen der Handlungsreisende zuerst besucht.

Bestimmungen für ausländische Handlungsreisende, die nach Russland kommen.

Ausländische Handlungsreisende sind beim Betreten des Gebietes des russischen Reiches verpflichtet, in einem Grenzzollamt einen Kommisschein I. Klasse zu lösen und für einen solchen Schein die vorgeschriebene Steuer zu bezahlen. Dieser Schein, der vom Tage seiner Ausfertigung bis zum 1. (13.) Januar des nächsten Jahres Giltigkeit hat, wird an den Nationalpass des Handlungsreisenden angenäht und muss zusammen mit einer Legitimationskarte vor dem Beginn der kommerziellen Operationen des Handlungsreisenden behufs eines zu machenden Vermerkes bei einem der Kameralhöfe oder einem der Steuer-Inspektoren des Ortes vorgezeigt werden, welchen der Handlungsreisende zunächst besucht.

Die der Verzollung unterliegenden Gegenstände, welche von den Handlungsreisenden als Waarenproben eingeführt werden, werden zollfrei herein- und herausgelassen unter der Bedingung, dass diese Gegenstände, falls sie nicht verkauft werden sollten, innerhalb einer sechsmonatlichen Frist, gerechnet vom Tage ihrer Einfuhr, wieder ausgeführt werden.

Die zur Reise nach Russland angefertigten Pässe ausländischer Juden, welche als Handlungsreisende protokollarisch verzeichneter und überhaupt in Gemässheit der Landesgesetze registrirter Handelsfirmen fungiren, werden seitens der kaiserlichen russischen Konsulate visirt, nachdem die Handlungsreisenden eine bezügliche Bescheinigung ihrer Firmen eingereicht haben; hierbei wird auf dem Passe vermerkt, dass der Inhaber desselben Handlungsreisender ist, ferner die Nummer seiner Legitimationskarte und der Ort, wo dieselbe ausgefertigt worden ist.

Ein ausländischer Jude darf während der Frist, auf welche der Pass visirt worden ist, und bei einem fristlosen Passe im Laufe von sechs Monaten unter Beobachtung der für Ausländer zur Reise nach Russland bestehenden allgemeinee Vorschriften die Grenze mehrfach passiren.

Beilage VI.

(Vorderseite.)

Deutsches Reich.

Auf das Jahr 1.........

(Königreich Wappen Preussen)

Nr. der Karte ....

Gewerbe-Legitimationskarte
für
ausländische Handlungsreisende.

Gültig in dem Deutschen Reich,
vorbehaltlich der Entrichtung der Landessteuern.

Herr ....,

wohnhaft zu ....,

ist befugt, für Rechnung ....

....

....

Waaren aufzukaufen und Bestellungen auf Waaren aufzusuchen.

.... den .... ten 18

....

....

(Rückseite.)

Bezeichnung der Person des Inhabers:

Alter: .... **Gestalt:** ....

Haare: .... **Besondere Kennzeichen:** ....

....

Unterschrift: ....

Zur Beachtung.

Der Inhaber dieser Karte ist ausschliesslich für Rechnung der vorgedachten Firm..... berechtigt, Waaren aufzukaufen und Bestellungen aufzusuchen. Das Aufkaufen von Waaren darf in Deutschland nur bei Kaufleuten oder solchen Personen, welche die Waaren produziren, oder in offenen Verkaufsstellen erfolgen. Das Aufsuchen von Bestellungen auf Waaren, mit Ausnahme von Druckschriften, anderen Schriften und Bildwerken, sowie der sonst vom Bundesrath zugelassenen Waaren, darf ohne vorgängige ausdrückliche Aufforderung nur bei Kaufleuten in deren Geschäftsräumen oder bei solchen Personen geschehen, in deren Geschäftsbetriebe Waaren der angebotenen Art Verwendung finden.

Die aufgekauften Waaren dürfen nur behufs deren Beförderung nach dem Bestimmungsorte mitgeführt werden; von den Waaren, auf welche Bestellungen gesucht werden, dürfen nur Proben und Muster mitgeführt werden.

Er ist verpflichtet, die Karte während der Ausübung des Gewerbebetriebes bei sich zu führen, auf Erfordern der zuständigen Behörden oder Beamten vorzuzeigen, und sofern er hierzu nicht im Stande ist, auf deren Geheiss den Betrieb bis zur Herbeischaffung der Karte einzustellen. Er darf dieselbe Anderen nicht überlassen.

Beilage VII. **Formular K.**

§ 43 Abs. 1 der Gewerbeordnung.

Nr. des Verzeichnisses

. . . . .

Legitimations-Schein.

De . . . .
von . . . .
. . . Jahre alt, wird die ortspolizeiliche Erlaubniß zum gewerbsmäßigen Ausrufen, Verkaufen, Vertheilen, Anheften und Anschlagen von Druckschriften oder anderen Schriften oder Bildwerken auf den öffentlichen Wegen, Straßen, Plätzen und anderen öffentlichen Orten der Gemeinde . . . . . . für das laufende Jahr ertheilt.

. . . . . den . . . . 18 . .

(L. S.) . . . .

. . . .

Beschreibung der Person des Inhabers: **Gebühr bezahlt mit:**

Statur . . . .
Augen . . . .
Haare . . . .
Besondere Kennzeichen . . . . . .

Unterschrift des Inhabers:

Beilage VIII. **Formular J.**

Verzeichniß

der im Jahre . . . . bei (Behörde) . . . . zum Gewerbebetrieb im Umherziehen ertheilten, beziehungsweise ausgedehnten Wandergewerbescheine.

Fortlaufende Nummer	Tag der		Vor- und Zuname des Gewerbetreibenden	Wohnort beziehungsweise Heimat	Gewerbe unter Angabe der Steuer-Tarif-Nr.	Formular (A, B oder C)	Gesellschafter oder zur Mitführung zugelassene andere Personen			Giltigkeitsdauer der Ausstellung oder Ausdehnung (§ 60 Abs. 2)	Die besondere Abgabe wurde bezahlt			Gebühr bezahlt mit	
	Ertheilung	Ausdehnung					Vor- und Zuname	Wohnort bez. Heimat	Alter		für Bezirk	mit			
												ℳ	₰	ℳ	₰

Beilage IX. **Formular D.**

Verzeichniß

der im Jahre . . . . von dem k. Bezirksamte (Magistrate) . . . . an Handelsreisende ausgestellten Gewerbelegitimationskarten.

Fortlaufende Nummer	Tag der Ausstellung	Art der Karte (für Inländer oder Ausländer)	Vor- und Zuname des Reisenden	Wohnort	Firmen	Geschäftszweige	Sitze	Bemerkungen (Vermerk über bezahlte Gebühren)
					der von dem Reisenden vertretenen Häuser			

Beilage X.

Formular L.

§ 43 Abs. 1 der Gewerbeordnung.

Verzeichniß

der im Jahre 18 . . bei (Behörde) . . . . . zum gewerbsmäßigen Vertrieb von Schriften und Bildwerken an öffentlichen Orten ertheilten Legitimationsscheine.

Fortl. Nr.	Tag der Ertheilung	Vor- und Zuname des Gewerbetreibenden	Heimat	Vermerk über Einhebung der Tage-Gebühr	Bemerkungen

Akademische Buchdruckerei von F. Straub in München.

MIX
Papier | Fördert gute Waldnutzung
FSC® C083411

Kolibri 360 GmbH
Ferdinand-Jühlke-Straße 7
99095 Erfurt, Deutschland
produktsicherheit@kolibri360.de